/ / / *舌尖上的中国*第2季. A Bite of China II

A Bite of China Ⅱ

舌尖上的中国 第2季

中央电视台纪录频道 编

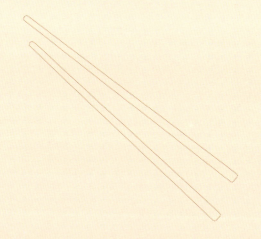

中国广播电视出版社
CHINA RADIO & TELEVISION PUBLISHING HOUSE

博集天卷
CS-BOOKY

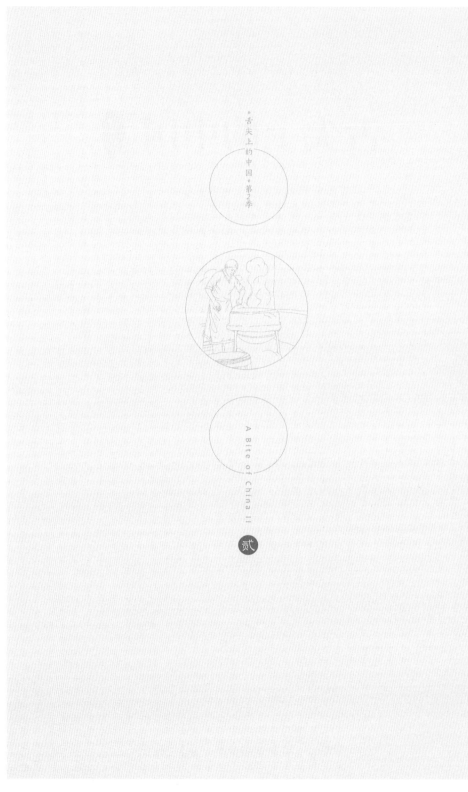

舌尖上的中国 ◦ 第2季

A Bite of China II

贰

Contents

第一章 脚步

不管是否情愿，生活总在催促我们迈步向前。人们整装、启程、跋涉、落脚，停在哪里，哪里就会燃起灶火。从个体生命的迁徙到食材的交流运输，从烹调方法的演变到人生命运的流转，人和食物的匆匆脚步从来不曾停歇。

第二章 心传

有一千双手，就有一千种味道。中国烹饪无比神秘，难以复制。从深山到闹市，厨艺的传授仍然遵循口耳相传、心领神会的传统方式。祖先的智慧、家族的秘密、师徒的心诀、食客的领悟，美味的每一个瞬间，无不用心创造，代代传承。

面条

第三章 时节

中国，有着多样的地理环境和气候。人们日出而作，日落而息，春种、夏耘、秋收、冬藏。四季轮回中隐藏着一套严密的历法，历经千年而不衰。

相比农耕时代，今天的人们与自然日渐疏远。然而，沿袭祖先的生活智慧，并以此安排自己的饮食，已内化为中国人特有的基因。这是关于时间的故事，也是中国人与自然相处的秘密。

春菇秋蕈总关情

Contents

第四章 家常

家——生命开始的地方，人的一生都走在回家的路上。在同一屋檐下，他们生火、做饭，用食物凝聚家庭、慰藉家人。平淡无奇的锅碗瓢盆里，盛满了中国式的人生，更折射出中国式伦理。人们成长、相爱、别离、团聚。家常美味，也是人生百味。

第五章 相逢

大多数美食，都是不同食材组合、碰撞产生的裂变性奇观。
若以人情世故来看食材的相逢，有的是让人叫绝的天作之合，有的是叫人动容的邂逅偶遇，有的是令人击节的相见恨晚。
人类的活动促成了食物的相聚，食物的离合也在调动着人类的聚散。西方人将它称作"命运"，中国人则称其为"缘分"。

一鱼两吃黄河鲤

第六章 秘境

在古老的北京城，不出两公里，就可以品尝到正宗的土耳其餐、地道的西班牙海鲜饭或是原汁原味的法国大餐。人们与来自全球各地的食物交汇，口味也日益和世界趋同。然而，总有一些未被发现的食物，那就是我们要发现和寻找的秘境。

手把肉

Contents

第七章 三餐

中国人吃早饭的习惯始于两千多年前的汉代。此后,华夏大部分地区都实行早、午、晚三餐制,这种饮食习惯,不仅有利于生活,也有利于生产。

我爱武汉的热干面

舌尖上的中国·第2季

A Bite of China II

贰

代 序

见微知著，润物无声

中央电视台台长　胡占凡

2012年，纪录片《舌尖上的中国·第1季》在全社会和海外引发了如潮好评和空前关注，被誉为一部具有民族气派的影像作品。一部纪录片能得到如此广泛而极具热度的全民关注，进而引发一系列"舌尖热"的社会现象，这让"舌尖上的中国"成为2012年极具标志性的文化事件。

2014年4月，在社会各界的高度期待和热心观众的热切呼吁下，央视纪录片频道历时一年半的艰苦摄制，《舌尖上的中国·第2季》已在中央电视台多个频道播出，这部饱含中国人浓郁情感、生活智慧、文化传统和共同梦想的纪录片作品，再一次给海内外电视观众带来文化的滋养和情感的共鸣。

《舌尖上的中国·第2季》不仅是《舌尖1》内容上的延续，更是在传播上的一次创新，它标志着央视纪录片在品牌构建、国际传播、文化表达、全媒体营销等多个领域中，实现了一系列开拓式的探索，对中国纪录片乃至整个中国电视界都将产生深远的影响，并具有示范和启迪作用。

第一，《舌尖上的中国》在纪录片品牌化构建领域，实现了富有成效的创新和探索。如果说，2012年的《舌尖1》只是单一作品的成功，那2014年备受各届关注和期待的第2季，则必然是优秀电视文化品牌的成功。《舌尖上的中国》由电视热播转变为社会现象，再从现象逐渐形成电视文化品牌，正是由于在纪录片的传播上首次实现了创新型的全媒体整合传播模式。《舌尖上的中国》成为品牌，得益于持续的内容生产和稳定的优良品质，更重要的是对中华文化传统和社会现实发展的准确解读和生活传递。

第二，《舌尖上的中国》在电视国际传播领域，已成为推动中华文化"走出去"的亮点。《舌尖上的中国》在创作上始终以"讲述中国故事、追求国际表达"为核心诉求，镜头下的美食传递着中国社会悄然发生的变化，而美食背后的人物故事则表达了中国人的价值理念和内心情感。2012年，《舌尖1》进入国际市场后，当年的首轮发行额即达到35万美元，创造了中国纪录片海外发行单集最高数字。截至目前，《舌尖1》已被制作成英、法、西、葡、德等多种外语配音版在全球四十多个国家和地区发行，并在澳大利亚、法国、德国、比利时、卢森堡、波兰等国的主流媒体播出。

第三，《舌尖上的中国》是对"中国梦"深刻内涵的一次生动的影像解读。用电视形式和手段诠释好"中国梦"主题，是摆在中国电视人面前的时代命题。中国梦是宏观的，也是微观的，是国家和民族的，也是属于每一个普通中国人的。《舌尖上的中国·第2季》在创作上，力求更加贴近社会、贴近生活、贴近普通人，见微知著，润物无声。无论是在上海灶台边劳作的李巍、李悦兄弟，还是在太行山断崖上耕种的赵小有一家；无论是离乡背井打工的回族姑娘马阿舍，还是叶落归根定居泉州的华侨程世坤。舌尖里的"中国梦"是每个人都在为更好的生活努力付出，是美食背后的中国人对幸福圆满的追求、对生活的乐观态度、对和谐自然的朴素情感。

　　在《舌尖上的中国·第2季》热播之际，配套的同名影视同期书，经过中央电视台纪录频道、中国广播电视出版社以及中南博集天卷文化传媒有限公司的通力合作，也已整理出版。作为《舌尖上的中国·第2季》电视纪录片的衍生产品，作为主流媒体营销中一个不可或缺的领域，图书版的研发意义，更是知识阶层与文化人群的需求。所以，本书除了还原电视节目本身的基本内容之外，尤其增加了相关延伸阅读与名家名篇等，不但有利于读者获得阅读的快感与反复咀嚼品尝的机会，更具永久文化记忆与典藏价值。

　　仁者爱山、智者爱水，一如中国在舌尖上有千滋百味，《舌尖上的中国》也必将使读者品出它的百味千滋。

　　最后，对社会各界和新闻媒体对《舌尖上的中国》的关注和支持表示衷心的感谢，向为纪录片的播出和图书的出版付出心血和智慧的所有参与者表示诚挚的问候！

2014年5月20日

不管是否情愿，生活总在催促我们迈步向前。人们整装、启程、跋涉、落脚，停在哪里，哪里就会燃起灶火。从个体生命的迁徙到食材的交流运输，从烹调方法的演变到人生命运的流转，人和食物的匆匆脚步从来不曾停歇。

1. 脚步

第一章

① 一路奔波，只为甜蜜

西藏林芝，印度洋吹来暖湿的季风，植物正在疯长。

在这里，天麻和灵芝是人们重要的经济来源。一个月后，它们将消失得无影无踪。又到了白马占堆最忙碌的季节，他已经走了九个小时，但收获寥寥无几。

从峡谷到雪山，7000米的海拔高差，让林芝成为世界高山植物区系最丰富的地区，西藏80%的森林都集中在这里。

白马的弟弟刚刚高中毕业，他得迅速挣够弟弟读大学的费用。而在此之前，白马占堆还为弟弟准备了一件特殊的礼物——野蜂蜜。

在当地人眼中，蜂蜜是宝贵的营养品，值得为它冒险。白马占堆正在努力搜寻几天前发现的蜂巢。

蜂巢筑在高高的树顶，他得想办法利用一根藤条和一把

砍刀攀爬数十米高的大树，这听起来令人难以置信，但这种风俗已经延续了数百年。

白马选了一根藤条，使自己与大树相连。从现在起，这根藤条关系着他的性命。一个小时过后，白马爬了很高，看起来进展不错，但还有更长的距离要爬。

白马的父亲放心不下，匆匆赶来。白马占堆已经不敢用双手砍树，攀爬的速度也明显慢了下来。三个小时过后，白马接近树冠，他准备摆脱藤条。40米高的大树，没有任何保护。这是一次危险的行走。

野蜂并不怕人，白马从长辈那里学会了点燃烟雾，这样可以迫使蜜蜂放弃抵抗。只要砍开它们藏身的树洞，就可以得到最甜美的蜂蜜。

在与世隔绝的大森林里，甜食非常难得，而蜂蜜，是白马能带给家人最珍贵的礼物。

蜂蜜80%的成分是果糖和葡萄糖，作为早期人类唯一的甜食，蜂蜜能快速产生热量、补充体力，这对我们的祖先至关重要。和人工提炼的蔗糖不同，蜂蜜不经消化就可以直接被人体吸收。

甜，是人最简单、最初始的美食体验。白马家最喜欢的是酥油蜂蜜。

在中国的厨房，无论烹饪菜肴还是制作甜点，蜂蜜都是其他糖类无法替代的 ■

在十天的工作寿命里，一只蜜蜂能飞行200次。要酿造一公斤蜂蜜，蜜蜂必须完成数万次飞行，访问400万朵花 ■

获得蜂蜜，对藏族小伙子而言，要攀爬十层楼的高度，而对另外一些人来说，则要经过上万公里的艰苦跋涉。

油菜刚刚开花，谭光树已经准备启程。老谭是职业养蜂人，二十多年来，依靠这份工作，他养育了一双儿女。每年清明时节，老谭都要和妻子吴俊英踏上追逐花期的旅程。一昼夜的工夫，蜂箱已在500公里外的秦岭。

花的味道决定蜂蜜的味道，地区不同，蜂蜜的味道也完全不同。这正是蜂蜜作为美食的神奇之处。

秦岭出产中国顶级的槐花蜜，但老谭心里毫不轻松。毕竟，养蜂是靠天吃饭的行当。四月中旬，天气突变，大风伴随降雨，花期提早结束，没有人知道糟糕的天气会持续多久。往年的经验对于老谭来说，并没有太大的作用。前一年走过的地方，第二年再走也不见得是一样的，前面的路会怎么样，老谭也没什么把握。

二十多年前，老谭向未婚妻许诺，要带她从事一项甜蜜的事业。妻子和他订婚的时候，他说养蜂就像旅行，又好玩又浪漫。然而结婚后，妻子才发现这是一项风餐露宿的辛苦工作。

交通不便的年代，人们远行时会携带能长期保存的食物，它们被统称为"路菜"。看似寂寞的路途，因为四川女人的存在变得生趣盎然。

香肠腊肉，正是妻子春节期间的劳动成果。妻子甚至会用简单的工具制作出豆花，这是川渝一带最简单、最开胃的美食。

通过加热，卤水使蛋白质分子连接成网状结构，胶凝的速度如此之快，变化几乎在瞬间发生。挤出大豆凝胶中的水分，力度的变化将决定豆花的口感。

老谭趁妻子在做豆花的时候，准备着佐料——提神的香菜、清凉的薄荷、酥脆的油炸花生，还有酸辣清冽的泡菜。所有的一切，足以令人忘记远行的劳顿。

丰盛的一餐过后，标志着另一段旅程的开启。

全部家当的重量超过十吨，天黑前两小时必须全部装

简陋的帐篷里，一幕奇观开始呈现。豆花汤清清亮亮，和在家做的一模一样 ∎

车。因为工作，每个养蜂人每年外出的时间长达11个月。父母的奔波，给两个读书的孩子提供了安稳的生活。

　　二十多年的风雨劳顿，之所以不觉得孤单，除了坚忍的丈夫、勤劳的妻子，相濡以沫的，还有一路陪伴的家乡味道。

酥油

酥油是从牛奶或羊奶中提炼出的脂肪，是藏族具有代表性的食材之一。

唐代玄奘在《大唐西域记·乌铩国》中记载：段食之体，出定便谢，宜以酥油灌注，令得滋润，然后鼓击，警悟定心。

酥油的营养价值很高，既含有多种维生素，又能滋润肠胃。对于藏民来说，酥油的用处很大，不仅是必不可少的补充能量的食品之一，而且可用于点灯或其他生活需要。

酥油灯

酥油灯在藏地的寺庙或藏民家中极为常见。藏传佛教的信徒们认为，长明的酥油灯可以变成火把，使慧光永不受阻，肉身因此摆脱蒙昧、分清善恶，获得智慧之心。同时，藏民们也认为，酥油灯可以让活着的人与逝者的灵魂进行交流与沟通，所以在家中做法事时，都要点上上百盏酥油灯。

酥油茶

酥油茶是藏族以及与之毗邻的民族的日常饮料，用浓茶加酥油加工而成。尤其在冬天，外出之前喝上一碗热热的酥油茶，可以抵御野外放牧等作业时的极寒天气。

酥油与瑜伽文化

酥油在瑜伽文化中被称为"拉撒雅纳"—— 一种令人健康、长寿的食物。瑜伽师认为，酥油滋润着人的精气，一些瑜伽资料还论述了酥油对人体的影响：谷类食物的能量会在体内保持五天，牛奶保持七天，酸奶是二十天，而酥油是一个月。由此可见瑜伽文化对酥油的评价之高。

②

麦客与夫妻船：在最后的战场上收割

　　养蜂人老谭和妻子携带蜜蜂一路迁徙，而另一种候鸟式的人群却轻装上路，只带着他们的双手。

　　秦岭北麓，麦子熟透。机械收割的普及并不妨碍竞争者的存在。

　　麦客——中国古老的职业割麦人，他们踩着麦子成熟的节奏，用双手挑战机械。

　　小麦，曾经改变人类文明进程的作物，拥有世界上最广泛的种植面积。从最日常的馒头、锅盔、面条，到肉夹馍、羊肉泡，再到花样百出的各色小吃，共同奠定了陕西这个"面食王国"难以撼动的基石。然而，要一尝最为原始古朴的面香，只有等到麦收的季节。小麦富含淀粉和蛋白质，而刚刚收获的新麦甜度最高。

　　陕西人习惯把面加工成三厘米宽的形状，正是这样的宽度，加上合适的火候，才能彰显新麦筋道的口感和清香的味道。

　　善待麦客是祖辈的传统，出门在外，在结束劳动后吃一顿家常便饭，让麦客心中无限温暖。大量碳水化合物，可以维持重体力劳动后身体所必需的糖苷。

老人比谁都清楚做面的奥妙。风箱大柴，一灶旺火，最让面条出彩。木耳、胡萝卜、嫩豆腐做成的浇头，陕西人称作"臊子"。浓墨重彩的油泼辣子，是面条永远不变的忠实搭档■

　　麦客的对手不仅有庞大的机器，还有全国最大范围的降雨，绵绵无期。如今，手工割麦毫无优势，狭窄的山坡地块是最后的阵地。一天劳动十小时，每人割一亩多地，最多收入200元。这次出来十几天，收入还不到1000元。在效率面前，麦客已经不属于这个时代。马万全一行，也许就是中国最后的职业割麦人。

　　古老的职业和悠久的传说，正被机械们一茬茬收割殆尽。

　　眼前的食物，可能来自遥远的大海和高山。城市里享用各色美食的人们，大都无暇顾及这一点——从原产地到餐桌，食材的脚步一路跋涉，充满坎坷。

　　很久以前，人的生存习惯已经从狩猎改为采集，但只有一个例外——海洋——人类最后的狩猎场。有科学家预言，50年内，海里的鱼会被全部吃光，而浙江渔民杨世橹认为，

靠海吃海的日子只能再维持十年。

三门湾，位于浙江东部沿海，鱼类资源曾经极度丰富。三个月的休渔期过后，东海迎来开渔的第一天。

他们开的小船被称作"夫妻船"，它是渔民的双脚，四小时可行驶60海里。临近农历十五，大潮将至，夫妻俩撒下第一网。

妻子身体较弱，开始晕船。但凡出海，除了打鱼，烧火、做饭等杂务都由丈夫包办，这是俩人二十多年的默契。

晚餐过后，将是六小时的繁重工作。这是休渔后的第一网，至关重要。起锚，收网，渔网已在水下蛰伏20个小时。而漫长的等待，并不能保证有等值的收成。杨世橹将渔网拉出水面，景象却令人失望。终于发现一条鲳鱼，可鱼儿却挣脱了渔网。

六个小时过后，渔网中鱼类"颗粒无收"，但幸亏有其他海获——白蟹和青蟹。大海又一次展现了它的慷慨，50公

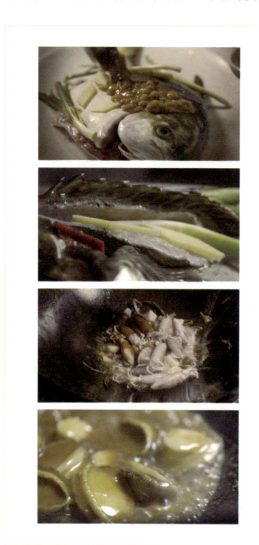

大蒜、洋葱炝锅，变色后加入酱油使汤汁变稠，望潮表层的胶原蛋白和调料相遇，形成浓油赤酱的自来芡。它的肉质脆韧弹牙，是东海渔民最拿得出手的看家菜 ■

斤海获，是他们一昼夜颠簸的回报。十个小时内，这些海蟹将出现在大城市的餐厅。

台州有句俗语：没有牛劲马力，难吃海洋衣食。捕鱼的确是件辛苦活儿，这让杨世橹的妻子不禁感叹，海洋的钱不好挣。

不过，无论靠山还是靠水，劳动者都有专属于自己家人的美味。

在肥沃的海湾淤泥里，隐藏着精灵般的生物——望潮。这是一种被赋予诗意的小章鱼，学名短蛸。它们在潮涨时外出，在潮落后躲藏。杨世橹正是捕捉望潮的高手。

每当女儿回家，父母就会变得异常忙碌，他们会去海边捕捉望潮，一家人在一起做饭的情景，让女儿倍感幸福。

然而，女儿最喜欢的美食——弹涂鱼，仍然躲在海滩上。这种鱼又名跳跳鱼，是能够在陆地上生活的鱼类，胸鳍和尾鳍能帮助它们实现爬行与跳跃。

不要妄想抓住它们，除非舍得用五年的时间练就一门绝技——使用五米长的钓竿和六米长的鱼线，捕捉十米开外仅五厘米长的猎物，其难度和精准度的要求，不亚于在20米外投篮。从发力到捕获，仅需八分之一秒。

女儿十几岁时，就爱吃望潮和跳跳鱼，那时，杨世橹还不会捕捉跳跳鱼。为了女儿，父亲花了好多年的时间，专门学了这门捕鱼绝技。在女儿眼里，爸爸无疑是最厉害的。

几尾跳跳鱼便能成就一锅靓汤，肉质细嫩，汁液浓郁。而用稻草反复熏烤，渗出鱼油，晾晒风干，便是最好的增味品。跟其他海鲜和菜肴搭配，提鲜的同时，也能最大限度地保持食材的本味。

麦客

有据可查的是，麦客的存在已经有五百多年的历史。早在明清时代，一到麦子成熟的时节，就有三十多万名麦客流动于陕西、甘肃、宁夏等地，成为收获季节的专业短工。

"客"是陕西人对外地人的尊称，在陕西西部一带，把麦客称为"胡钐麦"，意思是这些麦客使用一种"跑镰割麦"的传统工艺，可以把整垅麦地割得又快又干净。

过去，陕西人雇用麦客，要先看麦客的吃相。在六月里割麦，全凭一身好体力与好耐力，好麦客能干也能吃——他们每天割两亩麦子，吃四五斤饭食，走几十里夜路。关中人依据传统，也会善待麦客：供吃、供喝、供地方过夜。主人一般会用白蒸馍和裤带面来犒劳辛苦割麦的麦客们。

在专业麦客们中间，流传着一首名为《洋燕麦》的歌：一年盼个麦儿黄，不想婆姨不想娘。不同于"花儿"或秦腔，这首歌饱含着激情与离家在外的忧伤。这是给麦客们增添士气的歌，也蕴含着麦客们对美好生活的无限期望。

如今，在小麦成熟的季节，机械收割机走南闯北地帮助农民收割，成为新一代的"铁麦客"，逐渐取代了作为中国西部最早劳务输出的人工麦客。

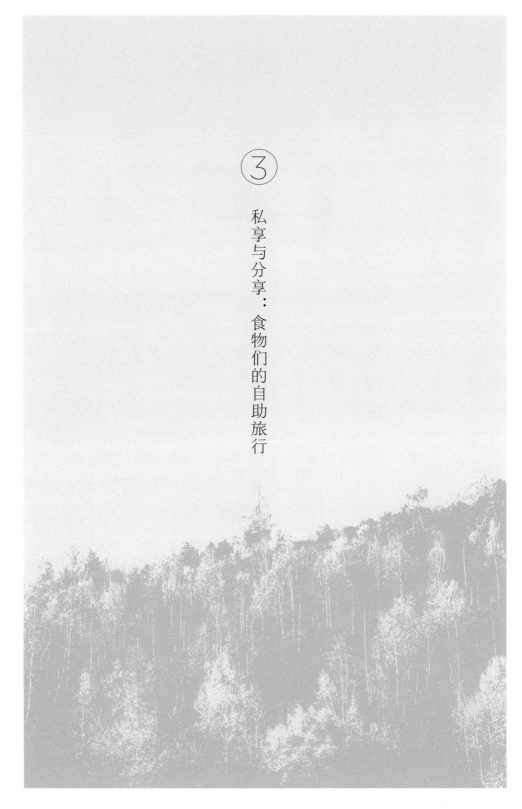

③

私享与分享：食物们的自助旅行

食材的获得，需要超常的辛苦和耐心的等待，这样的法则同样适用于大山。

搜寻的时间已经超过半天，饶长清还是一无所获。在方圆百里之内，老饶是最有经验的菇农。为了一种特殊的菌子，老汉已经守候了八个多月，现在终于到季节了。

老饶的脚下是青峰断裂带深处，湿气在海拔2400米的高处凝聚，催生出一种珍贵的食材——小花菇。这是一种在枯树上寄居的真菌，也是香菇中的王者。

如今，香菇已实现人工培植，品相极佳。但老汉清楚，那些培植香菇不是顶级的美味。野生的小花菇，尽管

鲜花菇含有90%的水分，干燥的过程暗藏玄机。如今，炭火烤房里都是人工栽培的香菇

颜色和外观要差一些，但其营养和味道，是人工培植香菇无法媲美的。

低温环境中，香菇生长极慢，但肉质肥厚。剧烈的昼夜温差，导致伞盖龟裂开花。小花菇的问世，源自于天地之间的种种机缘巧合。

事实上，新鲜香菇的味道远不及干香菇。其中的奥妙就在于，香菇在脱水过程中，会自动转化出大量鸟苷酸盐，其鲜味程度是味精的几十倍，同时，蘑菇香精会大量挥发。因此，只有在干燥之后，这种菌子才真正称得上"香菇"。

至于野生花菇的干燥，老汉更喜欢用最天然的方法。借助阳光和风，肥美的野生花菇慢慢散失水分，鲜美的味道一点点凝聚。

和栽培菇相比，野生花菇品相不整齐，也很难卖出价钱。而这些稀有的美味，饶长清打算留给家人。

越是弥足珍贵的美味，外表看上去往往就越是平常无奇。辛苦劳作给全身心带来的那种幸福，从来也是如此。

一口直径两米的大锅被当地人称作"鏊子"，加工的是山东人的标志性主食——煎饼。不过，要领略制作煎饼的原始工艺，必须回到最接近自然的地方。

盛夏，雨水充沛，沂蒙山进入最湿润的季节。今天是奶奶的生日，为此，小慧一家已经忙碌了好几天。

爷爷垒好了土灶，搭上烙制山东煎饼的工具——鏊子。一旁的小炉子朴拙可爱，形似三千多年前一种叫作"鬲"的古老炊具。

椿树沟地处蒙山深处，古老的风俗被顽强地留存下来。鏊子烧热后，奶奶将面糊均匀摊开。杂粮面糊快速成形，蒸汽弥散，空气里浸润着朴素的甜香，那是谷物特有的气息。

制作煎饼时，火力至关重要，太旺容易焦煳，太小煎饼潮湿粘牙。有六十多年制饼经验的奶奶手艺最棒，火候全靠她一手拿捏。

刚出锅的煎饼又脆又香，彻底放凉后，就慢慢回软变韧。山东人最看重煎饼的质地和口感，煎饼入口回甘，但对人的咬合力是一个挑战。

小炉子已经晾干，它烧出的第一顿饭将无比丰盛。今天，从大鱼大肉到家常小菜，煎饼几乎能包裹任何食物，丰

制作煎饼的主料，是用白薯干碾成的粉。当然也可以用大豆、小麦、高粱、玉米等五谷杂粮来碾粉 ■

俭由人，多寡随意。但对地道的山东人来说，最适合被卷在一张煎饼里的，似乎还是大葱。

饼卷的演化一路精彩。向南1700公里，广东潮州的春卷，坠碾提拉，速度飞快。绿豆畔、葱头白、虾干鱼露，油炸后表皮焦酥、内瓤软糯。再向西1600公里，丝娃娃是贵阳女孩的最爱。烫面烙熟，个头小，却能装下20种素菜和四勺蘸水。

东山到上海的鲍鱼，珠海到成都的石斑，广西到北京的蔬菜，昆明到新疆的菌类。今天的物流和今人的胃口，大大加快了食材的迁徙速度。路途之上，行色匆匆的已经不只是人，食物也在传播流转。聚散之间，衍化出不同的形态和风味。

从形态到内容，从神到形，饼卷的变化千姿百态，这看似食物们的自助旅行，追根溯源，其演变终究离不开人的流动和迁徙 ■

山东煎饼

煎饼，是流行于山东地区汉族的特色食品。以五谷杂粮为主料，摊制成薄而韧的面皮。食用时，卷上大葱或其他蔬菜、肉类。

蒲松龄曾特地为煎饼创作了一篇《煎饼赋》："圆如望月，大如铜钲，薄似剡溪之纸，色似黄鹤之翎，此煎饼之定制也。……若易之以莜屑，则如秋练之辉腾；杂之以蜀黍，如西山日落返照而霞蒸……或拭鹅脂，或假豚膏，三五重叠，炙烤成焦，味松酥而爽口，香四散而远飘。"由此可见，煎饼在山东人心目中的地位。

在清代袁枚的《随园食单》中，也有对煎饼的记载：山东孔藩台家制薄饼，薄如蝉翼，大若茶盘，柔嫩绝伦。他还评论道，吃孔方伯薄饼，而天下之薄饼可废。意为吃过这种薄饼，天下所有的饼都可以弃而不食了。

传说，山东煎饼起源于东晋时期的泰山。在唐末黄巢起义军经过泰山时，当地百姓以此相送。如今，煎饼已经成为鲁菜系中颇有特色的一道主食了。

④

行走千里，难舍家乡味

　　桥港村是贵州省东南部最偏僻的村庄。苗族女孩李建英正在等待一个幸福时刻，这是半年来父母第一次回家。

　　余高里夫妇在广东一家制衣厂工作，此次回乡，是因为自家的八亩玉米到了收获的季节。他们是家中的主要劳动力，加上房屋修缮等杂事，夫妻二人可以与家人团聚半个月的时间。像这样的团聚，每年会有两次。

　　这次回家，正值稻花盛开，来不及休息，余高里便准备给全家制作腌鱼。

　　做腌鱼首先要做甜米。将糯米淘洗干净后，上灶蒸。等糯米熟透后，加酒曲发酵。再将稻花鱼剖净内脏，在灶上摆放整齐，用微弱的炭火熏烤一夜。现在需要借助空气和风

一回家，流水线旁的打工妹重新变回了苗族母亲 ▪

鲤鱼吃饱了稻花，正是最肥、最甜的时候。一家人一起捕鱼，与其说是捕获食材，不如说更像是一场户外的亲子游戏 ■

的力量，风干与发酵将共同制造出特殊的风味。待鱼彻底脱水，糯米布满菌丝、霉菌产生各种酶，使淀粉水解成糖，才能最终得到爽口的酸甜。最后，将甜米混合盐和辣椒，一同塞进鱼腹中。

稻花鱼可以直接吃，也适合蒸或油炸。但不管用哪种做法，都掩盖不住腌鱼和糯米造就的迷人酸甜。

然而，最具吸引力的食材还藏在水底。每年八月，桥港村上至年过七旬的老人，下到不满十岁的孩童，不分老幼全体出动，不厌其烦地翻开溪流底部的每一块石头，大家都在寻找同一样神奇的美味——爬岩鱼。

爬岩鱼是制作雷山鱼酱的关键原料，这种鱼酱一年只能做一次，必须用最新鲜的辣椒，二荆条最好；新鲜肥嫩的生姜，主要用来去腥；木姜子又名山胡椒，是西南地区特有的作料，带有浓郁而神秘的香气；再加入大量的食盐，保鲜提味。

爬岩鱼是制作雷山鱼酱最关键的原料，有出人意料的美味 ■

半个月也是制作鱼酱的周期。乳酸菌和酵母菌促进香气的生成，挥发性有机酸，滋生出鱼酱独特的酸味。苗家最骄傲的调味品，就是这样炼成的。

一勺鱼酱，足以让最平常的食材陡然变得酸楚动人。这是一年中最美味的团聚，也注定是一顿百感交集的晚餐。女儿对于父母此次回乡感到开心，又深知这样的团聚终有离别的时刻。

在中国农村，6100万孩子的成长没有父母陪伴，这个数字相当于英国人口的总和。这些孩子，被称为"留守儿童"。

李建英和哥哥给父母准备了一小坛鱼酱。清晨五点，分别的时刻到了。临行前，父母叮嘱孩子们不要太想念他们，

将食材混合搅拌，装进坛子密封，美味慢慢酝酿 ■

在家要照顾好自己，好好吃饭。

这坛家乡味将被带往1000公里外的广东中山。也许有一天，它会以新的形式在他乡重现。千百年来，食物就这样随着人们的脚步不停迁徙、不断流变。

无论脚步走多远，在人的脑海中，只有故乡的味道熟悉而顽固。它就像一个"味觉定位系统"，一头锁定了千里之外的异地，另一头则永远牵绊着记忆深处的故乡。

离开40年后，华侨程世坤回到了家乡——福建泉州。

泉州，位于中国东南部，是古代海上丝绸之路的起点。祖籍泉州的华侨分布在一百二十多个国家，数量接近八百万，几乎与泉州的常住人口持平。

隆重的祭拜仪式完成了程世坤对家族的回归。在这里，宴请乡邻被称作摆桌。任何重大的事情，只有通过摆桌，才能顺理成章地宣告确立，而中断几十年的相识和旧情重新接通，瞬间让一切回到从前。

过去几十年，程世坤在美国农场做工。这次，老人决定回乡定居。召唤他的，不仅仅是亲情，更有熟悉的味道。在

泉州，在福建、中国台湾，甚至东南亚的华人中，这种味道被称作"古早味"。

大厦村海边的沙土地里，有一种著名的特产，它们貌不惊人，但几乎全部出口海外。这种特产就是沙土萝卜，它们

一顿归乡宴，穷尽乡间名厨的全部手艺 ■

的含水量接近90%，入口润滑、毫无纤维感。

猪肉八分肥两分瘦，带皮最好，切寸段，与香菇、海蛎、虾干同煮。肉的丰腴、萝卜的清甜、米粒的饱满，成就了最让泉州人欲罢不能的萝卜饭——一种简朴而丰饶的主食。

半生闯荡，带来家业丰厚、儿孙满堂。行走一生的脚步，起点、终点，归根到底，都是家所在的地方。这是中国百姓秉持数千年的信仰，朴素但有力量。

甘肃山丹牧场，老谭夫妇准备向下一站进发，又是一次千里跋涉。

东海，夫妻船盛载着对收获的盼望，再次起锚。

宁夏固原，回乡的麦客们开始收割自家的麦子。

这是剧变中的中国，人和食物比任何时候都走得更快。无论他们的脚步怎样匆忙，不管聚散和悲欢来得有多么不由自主，总有一种味道以其独有的方式、每天三次在舌尖上提醒着我们——认清明天的去向，不忘昨日的来处。

古早味

　　"古早味"一词在福建与台湾地区用得比较多，是闽南语中对老味道的统称，最早用来形容食物，如今则用来表示"令人怀念的味道"，如古早味的店铺或房子等。

　　古，是指过去。由于当时生活条件、交通限制与食品工业水平不发达等因素，人们往往用腌渍、风干的方法保存食物，做法单一，但保留了食物本身的质朴感。

　　味，不单是指饮食的味道，还包括趣味、人情味等。

　　古早味，是一种能让人从食物或建筑等老东西里，产生怀旧、乡愁、复古、幸福感、家族回忆等情绪的味道。如今，古早味早已不再只是单纯的味觉感受，同时还夹杂了更多的情感体验。

　　闽南地区的古早味小吃有蚵仔煎、万峦猪脚、烧仙草、花枝羹、卤肉饭、麻油腰子、草仔粿等。

萝卜

汪曾祺

杨花萝卜即北京的小水萝卜。因为是杨花飞舞时上市卖的，我的家乡名之曰："杨花萝卜。"这个名称很富于季节感。我家不远处的街口一家茶食店的屋下，有一个岁数大的女人摆一个小摊子，卖供孩子食用的便宜的零吃。杨花萝卜下来的时候，卖萝卜。萝卜一把一把地码着。她不时用炊帚洒一点水，萝卜总是鲜红的。给她一个铜板，她就用小刀切下三四根萝卜。萝卜极脆嫩，有甜味，富水分。自离家乡后，我没有吃过这样好吃的萝卜。或者不如说自我长大后没有吃过这样好吃的萝卜。小时侯吃的东西都是最好吃的。

除了生嚼，杨花萝卜也能拌萝卜丝。萝卜斜切的薄片，再切为细丝，加酱油、醋、香油略拌，撒一点青蒜，极开胃。小孩子的顺口溜唱道：

人之初，鼻涕拖。
油炒饭，拌萝卜。

油炒饭加一点葱花，在农村算是美食，所以拌萝卜丝一碟，吃起来是很香的。

萝卜丝与细切的海蜇皮同拌，在我的家乡是上酒席的，与香干拌荠菜、盐水虾、松花蛋同为凉碟。

北京的拍水萝卜也不错，但宜少入白糖。

北京人用水萝卜切片，氽羊肉汤，味鲜而清淡。

烧小萝卜，来北京前我没有吃过（我的家乡杨花萝卜没有熟吃的），很好。有一位台湾女作家来北京，要我亲自做一顿饭请她吃。我给她做了几个菜，其中一个是烧小萝卜。她吃了赞不绝口。那当然是不难吃的；那两天正是小萝卜最好的时候，都长足了，但还很嫩，不糠；而且我是用干贝烧的。她说台湾没有这种水萝卜。

我们家乡有一种穿心红萝卜，粗如黄酒盏，长可三四寸，外皮深紫红色，里面的肉有放射形的紫红纹，紫白相间，若是横切开来，正如中药里的槟榔片（卖时都是直切），当中一线贯通，色极深，故名穿心红。卖穿心红萝卜的挑担，与山芋（红薯）同卖，山芋切厚片。都是生吃。

紫萝卜不大，大的如一个大衣扣子，扁圆形，皮色乌紫。据说这是五倍子染的。看来不是本色，因为它掉色；吃了，嘴唇牙肉也是乌紫乌紫的。里面的肉却是嫩白的。这种萝卜非本地所产，产在泰州。每年秋末，就有泰州人来卖紫萝卜，都是女的，挎一个柳条篮子，沿街吆喝："紫萝——卜！"

我在淮安第一回吃到青萝卜。曾在淮安中学借读过一个学期，一到星期日，就买了七八个青萝卜，一堆花生，几个同学，尽情吃一顿。后来我到天津吃过青萝卜，觉得淮安青萝卜比天津的好。大抵一种东西第一回吃，总是最好的。

天津吃萝卜是一种风气。50年代初，我到天津，一个同学的父亲请我们到天华景听曲艺。座位之前有一溜长案，摆得满满的，除了茶壶茶碗，瓜子花生米碟子，还有几大盘切成薄片的青萝卜。听"玩意儿"、吃萝卜，此风为别处所无。天津谚云："吃了萝卜喝热茶，气得大夫满街爬。"吃萝卜喝茶，此风确为别处所无。

心里美萝卜是北京特色。1948年冬天，我到了北京，街头巷尾，每听到吆喝："哎——萝卜，赛梨来——辣来换……"声音高亮辽远。看来在北京做小买卖的，都得有条好嗓子。卖"萝卜赛梨"的，萝卜都是一个一个挑选过的，用手指头一弹，当当的；一刀切下去，咔嚓嚓地响。

我在张家口沙岭子劳动，曾参加过收心里美萝卜。张家口土质于萝卜相宜，心里美皆甚大。收萝卜时是可以随便吃的。和我一起收萝卜的农业工人起出一个萝卜，看一看，不怎么样的，随手就扔进大堆。一看，这个不错，往地下一扔，叭嚓，裂成了几瓣，"行！"于是各拿着一块啃起来，甜、脆、多汁，难以名状。他们说："吃萝卜，讲究吃'棒打萝卜'。"

张家口的白萝卜也很大。我参加过张家口地区农业展览会的布置工作，送展的白萝卜都特大。白萝卜有象牙白和露八分。露八分即八分露出土面，露出土面部分外皮淡绿色。

我的家乡无此大萝卜，只是粗如小儿臂而已。家乡吃萝卜只是红烧，或素烧，或与臀肩肉同烧。

江南人特重白萝卜炖汤，常与排骨或猪肉同炖。白萝卜耐久炖，久则出味。或入淡菜，味尤厚。沙汀《淘金记》写么吵吵每天用牙巴骨炖白萝卜，吃得一家脸上都是油光光的。天天吃是不行的，隔几天吃一次，想亦不恶。

四川人用白萝卜炖牛肉，甚佳。

扬州人、广东人制萝卜丝饼，极妙。北京东华门大街曾有外地人制萝卜丝饼，生意极好。此人后来不见了。

北京人炒萝卜条，是家常下饭菜。或入酱炒，则为南方人所不喜。

白萝卜最能消食通气。我们在湖南体验生活，有位领导同志，接连五天大便不通，吃了各种药都不见效，憋得他难受得不行。后来生吃了几个大白萝卜，一下子畅通了。奇效如此，若非亲见，很难相信。

萝卜是腌制咸菜的重要原料。我们那里，几乎家家都要腌萝卜干。腌萝卜干的是红皮圆萝卜。切萝卜时全家大小一齐动手。孩子切萝卜，觉得这个一定很甜，尝一瓣，甜，就放在一边，自己吃。切一天萝卜，每个孩子肚子里都装了不少。萝卜干盐渍后须在芦席上摊晒，水气干后，入缸、压紧、封实，一两个月后取食。我们那里说在商店学徒（学生意）要"吃三年萝卜干饭"，谓油水少也。学徒不到三年零一节，不满师，吃饭须自觉，筷子不能往荤菜盘里伸。

扬州一带酱园里卖萝卜头，乃甜面酱所腌，口感甚佳。孩子们爱吃，一半也因为它的形状很好玩，圆圆的，比一个鸽子蛋略大。此北地所无，天源、六必居都没有。

　　北京有小酱萝卜，佐粥甚佳。大腌萝卜咸得发苦，不好吃。

　　四川泡菜什么萝卜都可以泡，红萝卜、白萝卜。

　　湖南桑植卖泡萝卜。走几步，就有个卖泡萝卜的摊子。萝卜切成大片，泡在广口玻璃瓶里，给毛把钱即可得一片，边走边吃。峨眉山道边也有卖泡萝卜的，一面涂了一层稀酱。

　　萝卜原产中国，所以中国的为最好。有春萝卜、夏萝卜、秋萝卜、冬萝卜、四季萝卜，一年到头都有。可生食、煮食、腌制。萝卜所惠于中国人者亦大矣。美国有小红萝卜，大如元宵，皮色鲜红可爱，吃起来则淡而无味。异域得此，聊胜于无。爱伦堡小说写几个艺术家吃奶油蘸萝卜，喝伏特加，不知是不是这种红心萝卜。我在爱荷华（今译爱奥瓦——编者注）韩国人开的菜铺的仓库里看到一堆心里美，大喜。买回来一吃，味道蛮不对，形似而已。日本人爱吃萝卜，好像是煮熟蘸酱吃的。

有一千双手，就有一千种味道。中国烹饪无比神秘，难以复制。从深山到闹市，厨艺的传授仍然遵循口耳相传、心领神会的传统方式。祖先的智慧、家族的秘密、师徒的心诀、食客的领悟，美味的每一个瞬间，无不用心创造，代代传承。

2. 心 传

第二章

心 传

/ / / / / / ●舌尖上的中国 · 第2季● A Bite of China II

①

工艺：传承中的智慧与美味

在中式烹饪中，油是锅具和食物之间的媒介，在热力作用下，产生出奇妙而丰富的烹饪方式。植物油脂比动物油脂更易获得，而且相对健康，这个秘密的发现，使人类的烹饪史前进了一大步。

美味的前世是如画的美景。清明，正是油菜花开的时节。转眼到了五月，徽州的油菜籽成熟了，这是当地食用油的制作原料。农民们的忙碌，保证了自家厨房能够一整年出产美味。

富堨村唯一的油坊主程亚忠，和其他中国人一样，在清明节这天祭拜祖先。油坊的劳作决定着全村人的口福。中国人相信，万事顺遂是因为有祖先的庇佑。而与程亚忠在田边的邂逅，对同村的程苟仍来说，则意味着用不了多久就能吃到新榨出来的菜籽油了。

清晨，春雨的湿气被渐渐蒸发。接下来会是连续的晴天，这是收割菜籽的最好时机。

五天充足的阳光暴晒过后，菜籽的荚壳干燥变脆，脱粒就变得轻而易举。菜籽的植物生涯已经结束，接下来，它要开始一段奇幻的旅行。

一年中，随和的程亚忠只有在收菜籽的时候才会变得严苛起来。30年的经验，使他练就了一双火眼。优质的油菜籽色泽黝黑发亮，颗粒圆润饱满，不掺任何杂质，程亚忠必须层层把关。尤其是油菜籽的干燥度，更是不能有半点马虎，水分含量必须小于11%，只有这样，才能保证全村的菜籽安全储藏一整年。

六月，油坊开榨，榨油工来自附近的村庄。工作期间，每天的午餐由老板娘负责。而在油坊老板娘的厨房里，菜籽油是绝对的主角。菜籽油有独特的刺激性气味，有些人闻不惯，徽州人却甘之若饴。

徽州臭豆腐，只有用菜籽油煎，才能产生"闻有微臭，入口异香"的奇特效果 ■

菜籽油富含单不饱和脂肪酸，有利于健康，能媲美昂贵的橄榄油。不过，菜籽油也有先天不足之处，烹饪过程中油烟大就是其中之一。今天，通过科学的精炼手段，油的烟点已大大提高，加上品种改良，可以进一步降低菜籽油中非健康物质的含量。

对于靠菜籽油生活的徽州人来说，一切都是从榨取第一滴油开始的。炒籽是第一步。让高温破坏菜籽的细胞结构，降低蛋白质对油脂的吸附力，使油脂分离变得容易。随着菜籽爆裂的响声，香味开始渐渐弥漫整个村庄。

制坯暗藏玄机，磨碎的菜籽用蒸汽熏蒸，水分和温度的控制全凭经验。坯饼的厚薄压得是否均匀，直接影响出油率。

木榨榨油是传承了一千多年的古老工艺。在电力机械时代，血肉和草木之间的对决，依然焕发着原始的生命力。用

重达100公斤的撞锤敲打木楔子，对榨膛中的坯饼施加巨大的压力。依靠这种物理压力，迫使油菜籽中的油脂渗出。反复的榨打要持续三个小时。在追求利益和效率的今天，这也许是对祖先智慧最好的继承。

中国是栽种油菜最早的国家之一。目前，中国油菜的种植面积和产量，超过全世界的30%。菜籽油在中国有千年的历史，在使用广度上则贯穿长江流域，给各菜系的厨师创造

了施展技艺的舞台。

红油的烹制，必须使用菜籽油，而烹制的秘诀就掌握在四川人手中。煸炒，能使辣椒迅速脱水，渗出香味；捣碎，则便于辣椒与菜籽油充分接触。另外，油温是关键。油温过低，滗不出辣椒的香味；油温稍高，又容易使辣椒焦煳。然

而，中式厨房不依赖温度计，全凭厨师的手感和经验而精准控制。要让辣味素与红色素完全析出，则需要静置一整天。

一缸精彩的红油几乎就是川菜的灵魂，色泽红艳，辣味醇厚，香气袭人，菜籽油在四川人手里完成了华丽的转身 ■

然而，退去令人兴奋的热辣，徽州人的生活依旧平淡。

油坊是油的银行。根据平均出油率，农民存入100公斤菜籽，可以提取35公斤菜籽油。程苟仍家今年油菜籽的收成，全部存入了程亚忠的油坊，折算成105公斤菜籽油，他可以随时提取，没有期限。古老的契约，订立乡村社会的信条，这是油坊对村民的承诺。

在传统观念里，拥有手艺才能安身立命。相比于都市，在中国的乡村更能感受到手工技艺的温度。

秋收过后，黄土高坡褪去颜色，68岁的张世新正在等待合适的天气。老人几十年的经验，使他对制作空心挂面中的盐和水的配比判断精确无误。

今年，张世新的腿病复发，行走困难。所以，一次和面

将白面中加入盐水，可以使蛋白分子的阵列变得紧密，反复揉压，能够增加面的弹性 ■

35公斤的工作，只能由老伴一人完成。张世新从15岁开始学做挂面，就再也没离开过挂面。几十年的经验，让他深谙制

作挂面的奥秘。

午夜时分，醒面的时间已经足够。接着要开始搓条盘面的工序。

破晓时分，盘面完成二次发酵，到了老两口施展拳脚的时候。

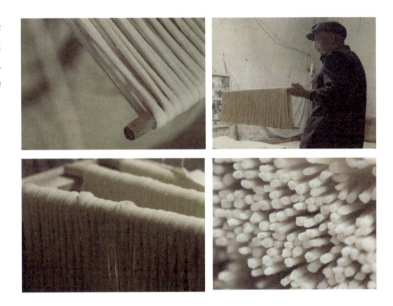

陕北空气干燥，水分蒸发快，绕面的速度是制作挂面成败的关键。绕完面后，将面条放入专用的面箱中进行第三次发酵，等待其更大程度的舒展。

中国出土过4000年前的面条，这种曾叫作"汤饼"的主食，广泛存在于中国人的生活中。地域迥异、粗细不同、形状不一，制作方法也各显神通。面条最为素净，既是简朴的果腹之物，也可以衬托任何食材，容纳万千滋味。

黄土高原——古老文明的发源地，农耕的传统在这里世代延续。张世新年轻时，制面手艺一流，远近闻名，外乡人慕名来学徒。妻子的手艺也是嫁到张家后学的。挂面做得好，能卖到县城甚至更远的地方。靠这门手艺，老两口拉扯大了五个儿女。

在每一口窑洞里的家族里，长辈最在意的，莫过于给孩子留下什么。物质是有限的，手艺是自己的，但年轻人的观念却在悄悄改变。现在，爷爷不便走动，到了儿孙们接过担子的时候了。

撑面杆从中间将面条精准分开，面的柔韧与重力的合作恰到好处，160根一挂，能拉长到三米。洁白的挂面，为苍凉的黄土地上每一家人的日子都增添了几分暖意。

所谓"心传"，除了世代相传的手艺，还有生存的信念以及流淌在血脉里的勤劳和坚守。

银丝倾泻，接受着阳光和空气最后的塑造 ■

面条

在我国古代，所有的面食都曾被统称为"饼"，如，馒头叫"炊饼"，面条则叫"汤饼"。面条是一种将谷物或豆粉加水和成面团，又将面团擀压，切成条状或片状，最后经过或煮或炒而成的食品。

有关对面条的最早记录发生在东汉。汉代刘熙在《释名·释饮食》中称其为"索饼"；在我国的青海省民和县喇家遗址中，则发现了距今有四千多年历史的面条实物，长约50厘米，宽0.3厘米，是用玉米粉制成的。

面条在北魏贾思勰的《齐民要术》中，被记为"水引饼"，是一种长约一尺，宽如韭叶的水煮面食，在煮时，要把面团托在手上，拉扯成面片下锅煮；到了唐朝，又出现了过水凉面，其风味独特，被杜甫形容为"经齿冷于雪"，据说这种面条非常有韧劲，可以当鞋带使用，被人称为"建康七妙"之一；发展到宋元时期，除了品种繁多外，挂面也出现了；到了明朝，制面技术突飞猛进，出现了刀削面。清代戏剧家李渔在《闲情偶寄》中，收录了"五香面""八珍面"的文字记载，在这两种面条中，分别加入了五种与八种动植物原料的细末，味道之鲜美，工艺之精湛，堪称面条中的上品。

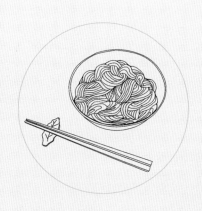

②

手艺：糕点们的进化历程

与北方人偏爱面食不同，长江以南的人们更喜爱米制糕点。

米制糕点工艺精密、品种浩繁，需要精美绝伦的手工和严密的传授体系，不是简单的作坊所能够完成的。

精细加工存在于糕点制作的每一个环节中。将糯米加水研磨，经过处理的糯米粉质地更加均匀细腻。再将水磨糯米粉与粳米粉按不同的比例混合，创造出多变的口感，这是制作苏式糕点的基本功。

糕点厨师是运用各种"兵器"的行家。应季而变的馅料取天然色香——夏秋薄荷、冬春玫瑰。

中国的厨房中，处理米、面点心的工种被称为"白案"，精巧的手工是行走白案江湖的根本，而揉面也是最基本的基本功，面团的力量体现厨师的力量。

吕杰民是苏州的白案厨师，也是师傅最得意的弟子。厨师，作为传统行当，一直以师徒的形式在中国延续。今天，年轻人通过学校教育掌握烹饪的基本技能，但要成为真正的厨师，仍然需要一位师傅点化。师徒关系，也是中国传统伦常中最重要的非血缘关系之一。

吕杰民门下的学徒有20个，但并非人人都能得到真传 ■

阿苗刚满20岁，老家在苏北。三年前，高中毕业的阿苗跟随父母来到苏州。父母希望家里的男孩能考上大学，阿苗是长女，她需要尽快自食其力，至少可以不花家里的钱。

厨师是辛苦的职业，现在的学徒大多和阿苗一样，来自小镇或乡村，希望靠一门手艺在大城市立足。

面对严厉的师傅，阿苗每天都心惊胆战。她反复练习的三角团终于得到师傅的认可，她的手艺第一次可以上桌。小小的成就感激励着这个女孩，她也深知"师傅请进门，修行靠个人"的道理。

苏式糕点是中国汉族糕点的重要流派，它与古典园林一样，是苏州的标志。而这座城市的另一面，则是现代化的世界工厂，吸引着700万外来人口，造就了当今中国第二大移民城市。飞速变化的生活中，古老的传奇依然在上演。

在白案江湖行走多年，吕杰民身怀一门绝技——制作船点，即将带馅儿的糕团制作成惟妙惟肖的动植物造型。从塑造汉字到塑造糕团，"象形"一直都是中国人的独门心传。这种别具一格的糕点，已经不是单纯的食物，更是对生活情趣更高层次的审美。

制作船点，既需要灵巧的手法，又需要先天的悟性。能

见识到师傅的这门手艺，对阿苗来说，已经是莫大的奖励。师傅则有另一番用意，为了延续苏式糕点的传奇，他一直在寻找合适的接班人。

上有庙堂之高，下有江湖之远，成为一名白案厨师的路，阿苗才刚刚起程。

离苏州1400公里的深山里，另一种更原始、更粗犷的食物，可以依稀看到中国糕点的进化历程。

日照时间越来越短，采挖蕨根的时候到了。欧洲考古发现表明，最古老的面包，就是用蕨类植物根中提取的淀粉制作而成的。莽山瑶族的先辈也发现了这个秘密，他们从蕨根中获得原料，制成一种原始的中式糕点——糍粑。

邓开风的祖辈游耕游居，被称为"过山瑶"。过去，粮食的产量有限，蕨根糍粑（简称蕨粑）就是过冬的主食。如今，制作蕨粑不仅是对美味的留恋，也是祖辈提醒后代不忘

艰难时日的一种方式。

　　取自山林中的各种材料，组成一套奇妙的过滤系统。父亲教会邓开风如何获取大山的馈赠，也告诫他要敬畏山神。经过一天的沉淀，到了检验成果的时候。沉淀物经再次冲洗和更细密地过滤，就可以制作蕨根糍粑了。

　　加热，起糊，不断搅拌，直到表面形成凝胶。蕨粑胶团

韧性极强，要驯服它，还得父亲出马。

　　将蕨粑的表面裹上晒干的淀粉，扯成小团，就可以直接食用。

　　这就是瑶族人世代繁衍的味觉密码，也是撰写人类味觉记忆史的通用语言。

孩子们更喜欢甜食，将蕨粑配上白砂糖，入锅炖软，撒上芝麻，香气四溢 ■

苏式糕点

苏式糕点是苏州饮食的特色之一，味道及口感以甜、松、糯、韧著称。苏式糕点时令性强，要求"新"和"鲜"，花样繁多，月月翻新：正月里酒酿饼、二月雪饼、三月闵饼、四月绿豆糕、五月薄荷糕、六月大方糕、七月巧酥、八月鲜肉月饼……数不胜数。

苏式糕点也是汉族糕点主要帮式之一，起源于隋唐，在两宋时期颇为流行。如今的苏式糕点，经过创新与发展，被越来越多的人喜爱。

除了"好吃"以外，苏式糕点还是江南一带往来馈赠中不可或缺的吉祥物与点缀品。在婴儿出生或初次理发时，要送云片糕，象征祥云片片；给老人祝寿时，要送寿糕或寿桃；婚宴喜庆场合，要送枣泥拉糕、八宝莲子羹或山楂甜糕。甚至搬迁、造房子、办丧事等场合，都要用糕点来讨口彩。

十大必吃的苏式糕点

酒酿饼 形似小月饼，用清酒酿发面而成。

鲜肉月饼 以肉馅儿为料的酥皮月饼。

梅花糕 形似梅花，以豆沙、鲜肉、猪油或玫瑰为馅料的点心。

定胜糕 状如"定榫"的一种糕点，有荤素两种。

蟹壳黄 又名火炉饼，是一种用干菜和猪肉丁做馅儿的小烧饼，经火烤后，因其形圆色黄似蟹壳而得名。

橙 糕 用橙子做的糕点，灿烂如金，味道甜中带酸。

老虎脚爪 一种用老面发酵而成的面食，因其形似老虎脚而得名。

水晶汤团 用水磨糯米粉为皮，以猪油白糖为馅儿，氽油之后，汤团个个透明如水晶，因此而得名。

米风糕 米制糕点，质地松软，切时不用刀，而用线割。

海棠糕 比梅花糕小，内容相近的点心。

③

技艺：升华中的潮汕小吃与扬州滋味

更多关于食物的传承，恰恰是在最平凡的生活里。汕头的一天，是从海鲜市场的喧闹开始的。

为家里的小店采购食材，是阿哲每天的任务。这个年轻小伙，俨然是菜场里的老主顾。

父亲曾是酒楼主厨，江湖人称"阿乌"。阿哲有四个姐姐，他是家里唯一的男孩。在中国社会，父子的传承关系比师徒更紧密，子承父业被认为是最顺理成章的事。

几年前，阿哲考上广州的大学，一心想在那里闯荡。然而初入社会，阿哲才发现与校园生活大相径庭，压力很大。职场受挫后，他选择回到家乡，给家里的小店帮忙。在此之

店里的招牌菜是蚝烙，要做好这道最普通的潮汕小吃，一切都要从头学起 ■

前，阿哲甚至没有洗过一只碗。

蚝，也叫牡蛎，生长在沿岸浅海。两千多年前，中国就有养殖牡蛎的记载。潮汕地区的洪州，家家户户以蚝为生。当地人偏爱食小而肥的蚝，吃起来更鲜嫩膏腴，这种蚝也是蚝烙的最佳选择。

汕头老城，洗尽铅华。在巷子深处，隐藏着蚝烙最传统的做法。用番薯粉打浆，包裹蚝肉，可以减缓蚝在高温下的迅速缩水。烙到两面焦黄，还要保持蚝肉生嫩、汁水饱满、不失鲜味。食用时，蘸上鱼露可以提鲜，入口外焦里润，脆嫩兼备。

阿乌的手艺不只蚝烙，上门制作宴席才是他的主业。阿哲跟着父亲出去办桌，从打下手做起。不久，阿哲得到了掌勺的机会。当然，上桌前，还要父亲最后润色。毕业于工商管理专业的阿哲，现在却和最平凡的食物打交道，但就在这平凡里，他发现刻好一个萝卜花并不比解一道高等数学题更容易。现在，阿哲的厨艺日益提高，他也为自己每一天的成长而感到开心。

汕头，日新月异。阿哲正在尝试突破。传承四代人的蚝烙，在他手里变幻出新意。阿哲经过反复实验，不断地往传统蚝烙中添加新的食材。原本最熟悉的小吃，给食客带来意外的惊喜。阿哲家的小店，已存在百年，明天仍将带着新意

文蛤、花蛤、豆腐鱼，顾客可以自由搭配 ■

开门迎客。

　　一门手艺的生命力，正是对传统的继承和升华。随着时代而流变的美味，与舌尖相遇，触动心灵。高速发展的中国，人们对新事物的追逐更加急迫。是坚守传统，还是做出改变？这是一个问题。

　　扬州是长江三角洲发达城市圈中独具个性的城市。

　　杨明坤，63岁，扬州评话艺人。而对于杨明坤来说，他的嘴不仅是一张说书的嘴，也是一张挑剔的嘴。

扬州评话——一种流传四百多年的民间艺术。战争、英雄、爱情、背叛……说不尽的故事，全凭一张嘴 ■

与厨师朋友探讨日常小菜的门道，对杨明坤而言，是一
桩乐事。一盘精道的大烫干丝，代表了扬州人对生活的基本
要求。干丝在100摄氏度的水中洗烫三遍，去除豆腥，再浇
上卤汁和大量香油，素雅的外观却有极为软嫩鲜香的口感。

大白干，每块横批成28
片，再切细丝，根根分
明，韧而不散 ■

杨明坤要准备一席家宴。这是每年一次的传统——师傅
下厨，款待徒弟。对于一道葵花大斩肉，杨明坤的心得是肉
要肥瘦各半，加入生粉和用海米、黄酒熬制的汤反复揉捏。
甩打、上劲，使肉粒能在双手中顺从抱团。放入温水里定型
后，再以文火慢炖。

美食的传承离不开挑剔的美食家，丰富的阅历和敏锐的
味觉，让杨明坤能准确把握这座城市的风味精髓，很少有人
比他更了解扬州味道的正宗所在。

对扬州人来说，上午喝茶皮包水，下午泡澡水包皮，如
果再听一场评话，便是平凡而精彩的一天。就像那些动人的
故事，听过千遍也不厌倦。寻常的衣食住行中，传统正日复
一日地延续。

淮扬菜

淮扬菜与鲁菜、川菜、粤菜并称为中国四大菜系。它始于春秋，盛于明清，被誉为"东南第一佳味，天下之至美"。

淮扬菜的发源地是扬州与淮安，同时又吸收了江、浙、皖等地菜肴风味，以江南本土的鲜美食材为主料，因结集了各地烹饪手法之所长，使得淮扬菜远近闻名，甚至成了国宴上的主角：1949年中华人民共和国开国第一宴、1999年中华人民共和国成立50周年大庆宴会等，都是以淮扬菜为主。

扬州地处江南，物产丰富，如苏东坡在《扬州以土物寄少游》的诗中提及的紫蟹、姜芽、鸭蛋、鲜鲫，以及郑板桥诗词中描述的鲜笋、鲥鱼等食材，在扬州比比皆是。另外，扬州作为明清时期重要的水陆交通枢纽，吸纳了南来北往各地的烹饪特色，加上淮扬菜系着力发展了刀功与火功等烹饪工艺，因其"清鲜平和，浓淳兼备，咸甜适度，南北皆宜"的风味特色，奠定了淮扬菜在中国菜系中不可替代的江湖地位。

早在西汉枚乘的《七发》中，就有对淮扬菜的记载："犓牛之腴，菜以笋蒲。肥狗之和，冒以山肤。楚苗之食，安胡之饭。抟之不解，一啜而散……小饭大歡，如汤沃雪。此亦天下之至美也。"可见淮扬菜菜色之丰富，技艺之惊艳。

淮扬菜的经典菜式有：葵花大斩肉、软兜长鱼、淮安茶馓、大烫干丝、水晶肴肉等。

④

绝艺：美味与美感兼顾的本帮菜

　　上海浦东三林塘，曾有一个乡村厨师群体，人称"铲刀帮"。他们结伴闯荡上海滩，历经一个世纪，人才辈出。其中，有一个家族五代为厨，经过数十年的磨砺，至今仍活跃于厨界，终成一代宗师。

　　李明福掌管着家族经营的小餐馆。每天早晨五点，他都要去市场采购。为了保证原料新鲜，他只买当天所需的食材，并提前估算好了分量。精打细算、亲力亲为，这是上海男人做事的习惯。

　　每个晚上，后厨都是一番"刀光剑影"。李悦掌勺、李巍操刀，李明福的两个儿子是厨房里说一不二的将领。这对孪生兄弟的厨艺青出于蓝，李明福不再需要亲自下厨，家族

的手艺得以传承，是他最大的欣慰。

一条黄浦江，见证了上海的成长。在这座城市中西杂糅、包容开放的味觉历史中，有一种滋味，出身低微，却自成一家。在演变中，它不因各方的冲击而消失，反倒越来越清晰和强大，这就是本帮菜。

在本帮菜的江湖里，83岁的李伯荣靠一身功夫，赢得了一世之名。拳不离手、曲不离口。任何一种功夫，都没有捷径。李伯荣最高兴的，是回到自己工作过的厨房。他从1945年开始学艺，80岁告别后厨。时代变迁，命运沉浮，李伯荣从未放下手中的刀和勺。好学、用心、传道、授业，让他收获了今天的成就和尊敬。

刀功——中式烹饪的核心技艺，代表着一个厨师的功力。蓑衣刀法，依靠手腕控制，下刀的力度、位置、方向，全在方寸之间。整鱼脱骨，精确地割开骨肉相连的结点，将鱼肉与鱼骨完美分离，则考验厨师对食材结构的了解。

李巍和李悦都是从14岁开始就跟随李伯荣学习厨艺。本帮菜中的刀功菜"扣三丝"，是李巍的绝活。将火腿、鸡脯、冬笋这三种极鲜的食材批成薄片，再切成直径不到半毫

极致的刀功如同高深的武术，只有手上功夫练到纯熟无比，运刀时才能随心所欲，游刃有余

米的细丝。食材都已提前煮熟，切丝则是为了扩大食材与汤汁的接触面积。在蒸制过程中，三种食材的味道同时释放、融为一体。

细致的刀功能让食材呈现出独特的美感，美味与形色兼顾，正是中国人的饮食哲学。

哥哥刀功精湛，弟弟专攻火候。一道油爆河虾，烹饪过程不足十秒。油温达到200摄氏度时，食材才能下锅。要使虾肉熟而不老，虾壳脆而不焦，在时间上不能相差分毫。李悦甚至能根据虾壳的爆裂声判断出锅的时机。收汁时，将炸过的河虾再次入锅，同样干净利落。这道菜对火候的考校，有着如教科书一般的严格。

而关于火候，广东菜中有更极致的例子。

啫啫煲——追求食物的新鲜生嫩。做啫啫煲时要用猛火急攻，尽可能缩短烹饪的时间。不仅如此，厨师还要根据餐桌与炉灶的距离，调整火力和"抄起"砂煲的时机，因为在服务生奔跑的过程中，烹饪仍在继续。如果这是一出戏，那

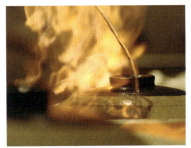

么只有大幕拉起，也就是享用的那一刻，食物才完美亮相。

在中文里，"火候"一词的使用并不局限在厨房，更能用来评价处世的修养以及为人的境界。传承中国文化的，不仅仅是唐诗、宋词、昆曲、京剧，更包含着与我们生活相关的每一个细节。从这个角度来说，厨师是文化的传承者，也是文明的伟大书写者。

在徽州，榨油留下的饼渣，是庄稼最好的肥料。

陕北的窑洞前，张世新的儿孙们挂出了自己制作的面。

莽山瑶族，仍然感恩来自大山的馈赠。

从手到口，从口到心，中国人延续着对世界和人生特有的感知方式。只要点燃炉火，端起碗筷，每个平凡的人，都在某个瞬间，参与和创造了舌尖上的非凡史诗。

•

本帮菜

•

在20世纪初期，上海汇聚了苏、锡、宁、徽等16种地方风味菜系，上海人将它们称为"苏帮菜""杭帮菜"，把自家的上海菜则称为"本帮菜"。

本帮菜原来并不能登大雅之堂，是非常平民化的菜色。主要以本地鱼、虾、蔬菜为主料，烹饪方式则以红烧、蒸、煨、炸、糟、生煸见长。后来，上海菜不断吸取外地菜，尤其是苏锡地方菜的长处，在选料上注重活、生、寸、鲜，在味道上讲求汤卤醇厚、浓油赤酱、糖重色艳、咸淡适口，调味方面则擅长咸、甜、糟、酸。集众家之长后的本帮菜，品种多样，风味自成一家。

著名的本帮菜品有扣三丝、响油鳝糊、油爆河虾、黄焖栗子鸡、荠菜春笋、水晶虾仁、冰糖甲鱼、芙蓉鸡片等。另外，糟货也是本帮菜的特色之一，如糟鸡、糟猪爪、糟毛豆、糟茭白等。其他诸如上海小笼包、萝卜丝饼等小吃，在本帮菜中也占有一席之地。

心传

面条

·

梁实秋

面条，谁没吃过？但是其中大有学问。

北方人吃面讲究吃抻面。抻，用手拉的意思，所以又称为拉面。用机器轧切的面曰切面，那是比较晚近的产品，虽然产制方便，味道不大对劲。

我小时候在北平，家里常吃面，一顿饭一顿面是常事，面又常常是面条。一家十几口，面条由一位厨子供应，他的本事不小。在夏天，他总是打赤膊，拿大块和好了的面团，揉成一长条，提起来拧成麻花形，滴溜溜地转，然后执其两端，上上下下地抖，越抖越长，两臂伸展到无可再伸，就把长长的面条折成双股，双股再拉，拉成四股，四股变成八股，一直拉下去，拉到粗细适度为止。在拉的过程中不时地在撒了干面粉的案子上重重地摔，使粘上干面，免得粘了起来。这样地拉一把面，可供十碗八碗。一把面抻好投在沸滚的锅里，马上抻第二把面，如是抻上两三把，差不多就够吃的了，可是厨子累得一头大汗。我常站在厨房门口，参观厨子表演抻面，越夸奖他，他越抖神，眉飞色舞，如表演体操。面和得不软不硬，像牛筋似的，两胳膊若没有一把子力气，怎行？

面可以抻得很细。隆福寺街灶温，是小规模的二荤铺，他家的拉面真是一绝。拉得像是挂面那样细，而吃在嘴里利利落落。在福全馆吃烧鸭，鸭架装打卤，在对门灶温叫几碗一窝丝，真是再好没有的打卤面。自己家里抻的面，虽然难以和灶温的比，也可以抻得相当标准。也有人喜欢吃粗面条，可以粗到像是小指头，筷子夹起来卜愣卜愣的像是鲤鱼打挺。本来抻面的妙处就是在于那一口咬劲儿，多少有些韧性，不像切面那样的糟，其原因是抻得久，把面的韧性给抻出来了。要吃过水面，把煮熟的面条在冷水或温水里涮一下；要吃锅里挑，就不过水，稍微黏一点，各有风味。面条宁长勿短，如嫌太长可以拦腰切一两刀再下锅。寿面当然是越长越好。曾见有人用切面做寿面，也许是面搁久了，也许是煮过火了。上桌之后，当众用筷子一挑，肝肠寸断，窘得下不了台！

其实面条本身无味，全凭调配得宜。我见识简陋，记得在抗战初年，长沙尚未经过那次大火，在天心阁吃过一碗鸡火面，印象甚深。首先是那碗，大而且深，比别处所谓二海容量还要大些，先声夺人。那碗汤清可鉴底，表面上没有油星，一抹面条排列整齐，像是美人头上才梳拢好的发蓬，一根不扰。大大的几片火腿鸡脯摆在上面。看这模样就觉得可人，味还差得了？再就是离成都不远的牌坊面，远近驰名，别看那小小一撮面，七八样作料加上去，硬是要得，来往过客就是不饿也能连罄五七碗。我在北碚的时候，有一阵子诗人尹石公做过雅舍的房客，石老是扬州人，也颇喜欢吃面，有一天他对我说："李笠翁《闲情偶寄》有一段话提到汤面深获我心，他说味在汤里而面索然寡味，应该是汤在面里然后面才有味。我照此原则试验已得初步成功，明日再试敬请品尝。"第二天他果然市得小小蹄髈，细火焖烂，用那半锅稠汤下面，把汤耗干为度，蹄髈的精华乃全在面里。

我是从小吃炸酱面长大的。面自一定是抻的，从来不用切面。后来离多外出，没有厨子抻面，退而求其次，家人自抻小条面，供三四人食用没有问题。用切面吃炸酱面，没听说过。四色面码，一样也少不得，掐菜、黄瓜丝、萝卜缨、芹菜末。二荤铺里所谓"小碗干炸儿"，并不佳，酱太多肉太少。我们家里曾得高人指点，酱炸到八成之后加茄子丁，或是最后加切成块的摊鸡蛋，其妙处在于尽量在面上浇酱而不虞太咸。这是馋人想出来的法子。北平人没有不爱吃炸酱面的。有一时期我家隔壁是左二区，午间隔墙我们可以听到"呼噜——呼噜"的声音，那是一群警察先生在吃炸酱面，"咔嚓"一声，那是啃大蒜！我有一个妹妹小时患伤寒，中医认为已无可救药，吩咐随她爱吃什么都可以，不必再有禁忌。我母亲问她想吃什么，她气若游丝地说想吃炸酱面，于是立即做了一小碗给她，吃过之后立刻睁开眼睛坐了起来，过一两天病霍然而愈。炸酱面有起死回生之效！

我久已吃不到够标准的炸酱面，酱不对，面不对，面码不对，甚至于醋也不对。有些馆子里的伙计，或是烹饪专家，把阳平的"炸"念作去音炸弹的"炸"，听了就倒胃口，甭说吃了。当然面有许多做法，只要做得好，怎样都行。

中国，有着多样的地理环境和气候。人们日出而作，日落而息，春种、夏耘、秋收、冬藏。四季轮回中隐藏着一套严密的历法，历经千年而不衰。

相比农耕时代，今天的人们与自然日渐疏远。然而，沿袭祖先的生活智慧，并以此安排自己的饮食，已内化为中国人特有的基因。这是关于时间的故事，也是中国人与自然相处的秘密。

第三章

3. 时 节

时 节

/ / / / / / *舌尖上的中国 · 第2季* A Bite of China II

① 春种：美味的萌发

　　春分时节，冷暖空气激烈对峙。在浙江天目山，春雷唤醒了土壤中的生命，高宝良敏锐地察觉到这是大自然发出的信号。在此后的一个月里，他每天清晨五点就要起床上山挖笋。

　　春雷过后的第一拨笋，被当地人称作"雷笋"。雷笋在十天之内可以食用，十天之后就会长成竹子，它的保鲜时间极短，一早一晚，滋味便大打折扣，过夜再吃，已有隔世之感。

　　高宝良夫妇脚不停歇。最忙的时候，两个人每天要挖750公斤雷笋。深山里，家家户户的生活都以竹笋为中心。削苞、去皮、剥壳，雷笋在女人们手中以最快的速度被处理完毕。

　　雷笋脆嫩爽口，炒、炖、焖、煨，皆成美味。煸炒后用

酱油、糖，煮滚收汁，便是一道时令名菜——油焖春笋。咸出头、甜收口，正是早春的况味。

竹子，原生于中国。在临安，有15万人以竹子为生。刚刚完工的茶熜，被高宝良夫妇用来制作另一种美味——多味笋干，这是夫妇俩最重要的经济来源。

将笋用香料熬煮入味，撕成一指宽的笋丝，炭火的热力将水分蒸发，就制成了江南一带最流行的佐茶小食——多味笋干 ∎

一个月后，雷笋季节结束，但属于山里人的美食故事才刚刚开始。

残枝败叶下，泥土裂开一条细缝，笋头将出未出，这就是非常稀有的黄泥拱。它们从泥土最深的地方长起来，一座山头或许只能找到三四棵，挖的时候要连根拔起。笋农挖到黄泥拱，都会留下来自己享用，其肉质比任何春笋都更为细密爽脆，甚至有类似梨子的口感。更为奇妙的是，黄泥拱出土后，品质会随时间迅速退化，从收获到加工，必须以分钟计算。

咸肉配黄泥拱，是高家常有的做法。竹笋与咸肉在口感上形成巨大的反差，只需要大火蒸七分钟，肉的浓烈与笋的清新就会在相互对抗的同时相互交融。这种笋农们独享的美味，也是中式饮食中一种极高的境界。最极致的美食，只留

给最勤劳的人们。

　　58岁的沈敦树是江西上堡乡的一位农民，他用另外一种方式感知季节的变化。成形于两千多年前的中国历书，依据时间更替与气象变化的规律，一年里安排了二十四个节气来指导农事：三月回暖，播种南瓜、丝瓜，等待萌发成芽；四月蝴蝶化茧，砍取枝条，给山药搭好支架；五月燕子筑巢，准备秧苗，菜园等待施肥。夏种之后，玉米成熟，可以收获丝瓜、南瓜。待到九月和十月，播种藠头，静待来年开春生长。

　　四季轮回，应季而作、应季而收，中国农民用祖先的经验，获得丰沛的回报。当水稻长出五六片叶子，就需要分株了，正是插秧的季节。儿子远在北京，老沈只好唤回在省城工作的女儿沈玉花回家帮忙。沈敦树坚信，儿女离家再远，

也不能忘记土地才是农家的根本。

　　春季，万物萌发，庄稼青黄不接，但大自然已经备好各种野菜。鄱阳湖的湖边，野芹菜和藜蒿最为旺盛。而在北方山里，腌一罐木兰芽的习惯至今不改，蒸榆钱饭则是几代人

用藜蒿做成蒿粑，不仅美味，还能领略自然的味道 ■

记忆里最初的美食。

　　上堡的白鹭进入了繁殖期。秧苗已经长出了新根，沈敦树渴盼一场春雨的到来。

　　沈家决定用一种美食来寄托他们最真切的期望。头年的大米，加入韭菜，磨出绿色的米浆；晾干的栀子果用水冲泡，调和出泥土般的黄色；第三层是大米呈现出的白色；最后是喜庆的茄红。一层层添加并蒸熟，反复九次，做出的米糕就叫"九层皮"。

　　春季秧苗青葱，秋季稻谷金黄，打出大米雪白，过上红火日子。对地球上所有的稻作民族来说，这大概就是他们共同的心愿，以及这一心愿所应有的色彩。

　　燕山余脉的上方山，安培文焦急地等待着。筷子粗细的野菜——香椿，只生长在这座大山的背阴处。一场倒春寒，让本该谷雨生发的香椿临近立夏还未发芽。然而，几乎就在一夜间，一种奇异的香味传来。

　　香椿芽长成只需要两三天，多一天便老，枝丫上的头茬儿最好。安培文每天天还没亮就开始打香椿芽，一直忙到中午。香椿芽的采摘时长只有一个礼拜左右，对老安两口子来说，打四五百斤香椿，每年收入一两万块钱，就够他们用了。

　　中国是世界上唯一将香椿嫩芽当作美食的国家。将香椿芽裹上鸡蛋与面粉糊后油炸，就是香椿鱼儿；而将香椿芽切

碎摊鸡蛋，就做成了香椿摊鸡蛋；也可以将香椿芽与豆腐凉拌，做成香椿拌豆腐。这些与香椿芽的搭配，都是独特的春季美食。

　　一个星期可以收两茬儿香椿。叶子还在生长，却不再适合食用，对老安来说，春天就这样过去了。

香椿素散发出一种奇特
而浓郁的异香，有些人
避之不及，但在爱它的
人看来，这就是春天应
有的味道 ■

春耕

立春过后，中国的一些地方开始"试犁"，预示着春耕的开始。

两千多年以前，荀子就曾经在其《荀子·王制篇》中说道："春耕、夏耘、秋收、冬藏，四者不失时，故五谷不绝，而百姓有余食也。"清代的潘曾沂在《潘丰豫庄本书》中也提到，种田最重要的是春耕。因为，此时冰冻渐消，加上去年在收割之后，已经把田地翻过一两回，春耕起来便分外得力。

所谓春耕，是指在春季通过犁、耙和耖，对土壤进行耕作。春耕的主要任务是为禾苗创造一个适合其萌芽、生长的环境，让其在"吃饱""喝足"之后，增加产量。不过，春耕的时间很短，唐代诗人杜甫就曾经在其《洗兵马》一诗中提过："布谷处处催春种。"清代陈恭尹也在《耕田歌》中写道："春日至，农事始，鸡未鸣，耕者起。"

除了把田土犁松、耙顺之外，还有一个很重要的是环节就是"耖"。所谓耖，是指要把泥土弄成芝麻糊状的油泥，才能保证秧苗屹立不倒。同时，耖也可以使有机肥与土壤相融，促进秧苗的生长。而加紧时间春耕，还可以起到除草灭虫的作用。

②

夏耘：美味的养成

　　风雨一路向北，到达长江中下游地区。初夏，正值青梅成熟的季节。

　　在千岛湖28米的水下，一种美味正在酝酿。一个月前，正值松树授粉的季节，雄花球上干燥的花粉随风飘落，滋养着中国最优质的家鱼。不过，此时还不是吃鱼的最好季节，渔民们另有目标。汉字里的"时节"二字，就是有所为、有所不为。

　　天气转暖，螺蛳从深水区向浅水区迁徙。这种腹足纲软体动物，自古以来就是水乡居民的美食。螺肉本无大味，吃螺蛳，除了品味螺肉紧致的口感，更多的是享受吸食本身的乐趣。不过，最好的螺蛳还藏在更深的山里。

江南人都是吃螺蛳的高手，唇齿之间，轻轻一嘬，螺肉应声入口。实在无从下手时，还可以借助牙签 ■

　　每天下午两点，41岁的余云山就开始了自己的工作。开化位于钱塘江源头，深谷与幽涧是余云山的战场。自从做了螺蛳捕手，他便成为这里最了解季节变化的人。这是他最好的收获季节，充满危险的劳作要持续整个夏天。

老余用牙齿咬住自制的防水面罩，清水下的世界便一目了然 ■

妻子吴美金每天五点去市场贩螺。外壳墨绿细长的青蛳，由于生长水体高度净洁，品质优良，因而价格可观。一把紫苏，去腥提鲜，是青蛳最好的配搭。

余云山常常劳作完回到家里，已经是凌晨三四点钟，他要在水温下降之前抓紧时间捞青蛳。因为作息时间的差异，午餐是一家人唯一的共处时间。余云山的女儿爱吃青

余云山捕获的这种清水螺蛳，鲜味中微含清苦，口感滑润 ■

蛳，每次回家，妻子都会为女儿做一道紫苏烧青蛳。在女儿眼中，父亲一整个夏天基本都在沉睡，可她不知道的是，青蛳也是昼伏夜出。

阳光和温度，造就美味，更带来多彩的世界。冰消水融，万物复苏，生生不息。光合作用促成植物发育、成熟，不同的积温滋养出种类繁多的作物。阳光下，果实积累糖分，食物脱水得以储存。

兰屿——面积45平方公里的火山岛，是达悟族世代生息的地方。每年三月到六月的飞鱼季节，海洋会掀起男人们的集体心跳。

不过，在西玛巴布87岁的爷爷看来，年轻人的狂欢是对大海的不敬。因为，飞鱼不仅是达悟族的食物，更是他们的信仰。过度的工业捕捞曾经使兰屿附近的生态持续恶

为了躲避天敌，飞鱼进化出独一无二的技能——快速摆动尾部，产生巨大的推动力，冲出水面，开启滑翔模式 ■

年轻人奋力踩水，收起网口。只有依靠口袋战术和默契配合，才能有可观的收获 ■

化，直到几年前才略有缓解。

拼板舟——达悟人选取13种木材精心制作的造型独特的船只，也是他们出海捕捞飞鱼的座驾。只要收获五六条鱼，够一家人一天食用，便可以收工回家。只在每年鱼汛的结尾，达悟人才多捕一些鱼，用来制作鱼干，以便在飞鱼离开的日子里补充蛋白质。

鱼干的加工并不复杂，简单腌制后用林投树根串绑，曝晒三日，即成美味。简单的食物与本真的生活，离大海最近的爷爷，深深懂得与自然的相处之道。

又一次捕鱼归来，阳光以最明亮、最透彻的方式与纤嫩的鱼肉交流，这是达悟人与上天及大海的约定。

然而，自然并不永远眷顾人类。

在湖南，艳阳高照，冠市镇的鱼塘接近干涸。何连荣一家面临着颗粒无收的困境。干旱已经持续了将近50天，

缺水让稻子停止灌浆，只留下干瘪的谷壳。为了挽救30亩稻田，何家用尽各种办法，做最后的努力。

尽管全国粮食总体丰产已经持续十年，但局部极端天气给农户带来的损失仍然是巨大的。所有的水源用尽，干枯的稻秸被付之一炬。一家人准备尽快种上旱地作物，为来年的收成种下希望。就在这时，奇迹出现了，等了几个月，焦虑的农户终于看到了雨。一家人都高兴起来，因为这场久盼而至的雨还可以救几亩田。

夏天的故事仍在继续，只有在水温超过18摄氏度的盛夏，一种美食才会在水下孕育。

长江和青弋江在芜湖交汇。64岁的厨师许士珍将面搓揉成雪花状，压实、擀薄，用小刀切好，成就了芜湖一年四季

小吃的代表——小刀面。面条滑爽绵糯，不过，要把小刀面吃出酣畅淋漓的美感，还要耐心等候三伏天的到来。

在温暖的水下，青虾开始繁殖。四到六厘米大小的母虾，包裹着上千粒虾子。在河道缓流处，前一晚下水的丁字形筒状虾篓盛满收获。用竹篓筛出虾卵，一公斤虾能收集50克虾子，日积月累，一个夏天才能收集八公斤左右的虾子。

在虾子上浇上葱姜汁，用黄酒蒸熟后，放在阳光下晾晒半小时，再用小火焙干。最后，连同未去皮的大蒜一起装进袋中，密封保存。

小刀面用旺火煮沸，拌葱花、酱油，再加上大骨高汤。100克面条要用10克虾子，虾子和高汤相逢，色白、汤清、味浓 ■

在盛夏的江城，虾子小刀面正是芜湖溽热的苦夏给予当地人的最佳补偿。

只要对自然和时序怀着不变的信任与尊重，每一道菜、每一家人，就会得到最甘甜的回报。

达悟族与飞鱼

达悟族，也称为雅美族，住在中国台湾台东的离岛——兰屿，距离台东有49海里。兰屿岛面积有45平方公里左右，岛上的族人称其为"人之岛"。因为岛上盛产兰花，所以又被称为"兰屿"。

达悟族人有自己特有的民族文化。他们自古以捕鱼为生，在每年的二月至六月开捕，且只捕飞鱼。在达悟族的文化中，飞鱼有着非常重要的意义。达悟族人认为，飞鱼是上天赐给他们的礼物，所以每年春节之后，达悟族都会举行"飞鱼祈祷祭"。这也是达悟族人最重要的祭典，祈求神的保佑和飞鱼的丰收。

"飞鱼祭"共分为13次举行，男人们穿着丁字裤，头戴银盔，在手持短刀的年长者的带领下，高声颂唱祭词，用银盔、水瓢和手势来召唤飞鱼。祭典包括祈丰鱼祭、招鱼祭、初夜渔祭等仪式。在祭典结束后，每艘船要杀一只鸡，将血点在卵石上，表示收获的鱼将和石头一样长久。整个仪式持续到凌晨两三点才会结束。不过，在祭典仪式中，达悟族的女子一概不能参加，只能远观。

秋收：美味的回馈

除了离不开阳光，生命还离不开水。中国的降水，从东南到西北呈递减态势：中国台湾兰屿，东经121度，北纬22度，年降水量为3055毫米；湖南衡阳，东经110度，北纬26度，年降水量为1300毫米；新疆吐鲁番，东经89度，北纬43度，年降水量为16毫米。

吐鲁番极度干旱，是中国最炎热的地区。贫瘠的砾石戈壁并未灭绝生机，天山冰川融水带来了生命的奇迹。这里，是中国最甜蜜的所在。

吐鲁番常年少有云层遮挡，充足的日照和活跃的光合作用，让葡萄积累了丰富的糖分。夜晚，热量消散，植物的呼吸作用减弱，糖分得到很好的保存。中国最甜葡萄的秘密，就隐藏在这巨大的昼夜温差之间。

在低矮的葡萄架下，哈力旦一家享受着丰收的喜悦，一家七口人的吃穿都来自这片葡萄园。他们白天采摘葡萄，傍晚将葡萄挂进晾房。晾房四壁留着无数方形的花孔，避免葡萄被阳光直射而滋生酸味，又便于热空气流动。每年的三月到十一月，哈力旦都与葡萄密切相伴。她对葡萄的感情深厚，觉得葡萄就像自己的孩子一样。储存好葡萄之后，主人终于可以休息了，静静等待温度和时间成就的味道。

吐鲁番的葡萄也到了华丽变身的时刻。含水量只剩下20%，果糖量高达60%，这就是超越时节、穿越四季的葡萄干

一个月后，比吐鲁番葡萄更甘甜的品种成熟，果实含糖量达到30%。57岁的伊比布拉要用葡萄汁制作一种热量极高的美食——玛仁糖。

把葡萄挤成汁后，在115摄氏度下熬煮四小时，90公斤葡萄汁浓缩成30公斤糖浆。将烘烤后焦香酥脆的核桃仁倒入糖浆中不断搅拌，再把拌匀的玛仁糖趁热切好，一道最具西域风情的甜点就做好了，这也是当地人重要的热量来源。在

中国的其他地区，这种食物被称为切糕。

哈力旦一家做起了家常的手抓饭，这是对一年忙碌最好的庆祝。将新疆特有的黄萝卜切条，让羊肉的油脂帮助胡萝卜素在肠道中溶解，在酶的作用下，转变成人体能够吸收的维生素A。西红柿将大米染成鲜亮的橙黄色，以小火焖到汤汁收干，葡萄的酸甜中和羊肉的厚重，不仅去油解腻，更为手抓饭带来了丰富的味觉层次。

春江水暖，刀鱼最鲜；
夏天滋补，笋干炖鸡；
秋季肥美，鱼头不容错
过；冬日最爱，必是那
热腾腾的火锅 ■

对于时间，中国人有着独特的感悟。破茧成蝶，花开花落，草木枯荣，都是时间的脚步，而在四季变换中，中国人不懈地寻找着美食的秘密。尽管生活越来越远离自然，但人们在餐桌的方寸之间，也能通过食物的变化体察时间流逝、四季轮转。

经过春季到夏季的滋养，千岛湖家鱼最肥美的季节到了。欢腾的一幕，在几十个渔民拉住的阔眼渔网里盛大上演。围网捕鱼，开启了丰收的序幕。中国人坚信，信守与时节的约定，就一定能在秋天收获丰厚的酬劳。

桂花开了，空气里满是诱人的甜香。吴江人采摘桂花，为的是让它们在舌尖上第二次绽放。加入当地产的一种橙子，橙子中的柠檬酸，能保持桂花的花香和色泽。无论是咸桂花酱还是甜桂花酱，都能把专属于夏末秋初的花香延续到深秋和隆冬。

雨前的桂花，在雨后已经腌好。无论做馅儿还是做调料，都极有风味

一场秋雨之后，来自天空的身影，不断提醒着江苏溧阳的杨福星，最值得期待的美食——雁来蕈，正在这里萌发。它其貌不扬，却被历代美食家奉为珍馐。

采摘雁来蕈的时间一般从白露到寒露，最多可以采摘一

每年农历八月，大雁都
会往此地飞。松树底
下、板栗树底下就会长
出一朵朵褐色小伞状的
蕈子 ■

个月。尽管名气已大不如前，但每年只要时节一到，杨福星
就会匆匆上山，赶赴与这些宝藏一年一度的约会。

淘去细沙杂土的蕈子，放在淡盐水里浸泡，一只只整理
干净。把板栗壳烧旺，将干辣椒炸香，再加入嫩姜片，就会
激出雁来蕈的奇鲜，这是一种类似松针的清香。蕈子汁水透
出时，滴入少量生抽提味，老抽着色，文火熬上十几分钟，
汁水浓稠，雁来蕈酱就可以出锅了。这种看上去乌沉沉的东
西却有着柔韧的质地，不过，一盘好菜才完成一半。

雁来蕈酱等候的最佳搭档，是远在百里之外的长荡湖产
蛋三年以上的老鸭。鸭肉与雁来蕈同烧，材质上的大荤大素
激发出滋味上的大开大阖，同季食材间的碰撞，把秋天的韵
味渲染得分外浓郁。

中国的厨师依靠丰富的经验，在时节的变化里，寻找到

秋季，用味厚的食物补偿苦夏的亏空，抵御即将到来的寒冬，俗称"贴秋膘"，是中国农业社会的传统 ■

各种精彩的食物组合，并流传至今。普通人的厨房，在收获的季节也是一番热闹的景象：新鲜的板栗，最适合用来搭配鸡肉；油豆腐、精肉和猪肝，用猪肠捆绑卤制，做出的扎肝最解馋。

秋天也是水稻丰收的季节，秋分后的黑土地上，垛满了需要晾晒两周的稻谷。独特的土壤、气候条件，使水稻中决定营养成分的干物质积累丰富。脱壳后的米粒饱满坚硬，色泽清白透亮。这是中国最好的稻米，需要经历138天漫长的生长期。收获还在继续，气温已是零下。

3000公里外，丰收过后的上堡，干燥的秋风劲吹。老沈家的第三代开始了一生的旅程。新生的婴儿在秋收之后满月，到了宴请亲朋庆贺的时候。满月酒，要按照历书挑出最好的日子，而菜单则沿用五碗四盘的传统，肉菜的多少检验着主人家的诚意。

这是稻农们盘点一年收成的时刻。春播种，夏长赢，等到秋天，颗粒归仓、儿孙满堂，这是中国人收获的季节。

雁来蕈

雁来蕈又名松乳菇、松树蘑、松菌等。在农历的二月与九月都有，在二月出现的叫桃花菌，九月的则叫雁来蕈，以寒露时松花落地所生的最佳，味美且有异香，为江苏一带的人们所喜爱。

雁来蕈的食用历史悠久，早在元朝皇家的"春盘面"里，就以其为必不可少的佐料。相传北宋苏东坡居江苏宜兴时，非常爱吃雁来蕈，称其为"绝佳"，民间也有"此物当推天下第一美味"的说法。宋朝诗人杨万里曾经在诗中这样评价："……土膏松暖都渗入，蒸出蕈花团戢戢……色如鹅掌味如蜜，滑如莼丝无点涩。伞不如笠钉胜笠，香留齿牙麝莫及……"可见雁来蕈的美味。

除了美味之外，雁来蕈还有五大优点：

无污染 雁来蕈是一种野生食用菌，生长于深山、树丛等地，不受化学合成物的污染。

营养丰富 雁来蕈内含蛋白质、糖类、维生素等多种人体不能合成的氨基酸。

有助减肥 雁来蕈低脂肪、低胆固醇、低热量，是天然的减肥食品。

保健美容 雁来蕈具有健胃补脾、清肝明目、理气化痰、降血压、嫩肤养颜等功效，老少皆宜。

烹饪方法多样 雁来蕈可炖、炒、煲、烤，荤素搭配皆宜。

④

冬藏：美味的等候

在中国，冬季最漫长的地方是东北。张广才岭宽厚的背脊上覆盖着一米多深的积雪，云杉次生林深处，伐木队正在执行封山前的最后一次作业，队长是有25年经验的李树国。

在李树国的家里，储存一冬的食物消耗殆尽，妻子秦红芝决定到山下采购。

在东北，一桌好菜离不开鱼。铁锅有80厘米口径，给烹

炖鱼的同时，可以在铁锅四周贴上玉米饼。鱼肉飘香之际，正是饼子焦酥之时 ■

饪整鱼留够了空间，也足以承载李树国对美味的渴望。

　　大豆在中国有5000年的种植历史，它曾经是人们赖以为生的重要作物。东北的黑土地最适宜大豆的生长。细腻的豆浆煮熟后摇匀，滤出浆液，点入卤水，蛋白质快速凝固。与石膏成形的南豆腐相比，东北豆腐细嫩不足，却以韧劲和弹性见长。

　　三月的夜晚，零下15摄氏度，这是制作冻豆腐最适宜的温度。低温让豆腐中的蛋白质与水分子继续分离，冰冻后的水把豆腐均匀的质地变得像海绵一样，这是李树国最喜爱的食物。

　　在离家七八公里之外，有条溪流从不封冻，当地人称之为活水，用它炖鱼最好。油烧热，鱼很快焦黄成形，加入溪水慢炖。

　　半小时后，加入东北特制的冻豆腐。蜂窝状的冻豆腐充

干货，放入热水，曾经的色泽和风味瞬间复活，这不仅是炖鱼的配菜，也是冬季里最主要的维生素来源 ■

分吸收汤汁后，饱涨丰满。一餐铁锅炖鱼后，漫长的冬季，似乎已接近尾声。

　　冬季，不仅是土地和作物休息的时间，也是忙碌一年的人们归家，用团聚犒劳自己的季节。

　　春节前，数以亿计的中国人，从工作地踏上回家的旅程。他们带上简单的家当，借助一切交通工具，横跨千里，归心似箭，为的是一顿象征着团圆的年夜饭。这是农业文明留给现代中国的印记，也是关于时节故事的尾声。

　　江西上堡，越冬的水田已经蓄水沤肥。

　　湖南衡阳，何连荣一家期盼来年的风调雨顺。

　　飞鱼季又至兰屿，巴布接替了爷爷的工作。

　　在这个时代，每一个人都经历着太多的苦痛和喜悦，中国人总会将苦涩藏在心里，而把幸福变成食物，呈现在四季的餐桌之上。

·

东北菜

·

东北菜是指包括黑龙江、吉林、辽宁、内蒙古东部一带的烹饪菜系。因为这些地方独特的地理环境——处于北纬42度与54度之间，是最冷的自然区。由于无霜期短，人们吃新鲜蔬菜的时间只有六个月左右，所以东北菜除了以肉食为主之外，豆类、冷冻食品、干蔬菜也是主要原料。

东北菜以多味、咸甜分明、火候足、滋味浓郁为主要特色，以熘、爆、扒、炸、烧、蒸、炖为主要烹调手法。东北菜向来不拘细节，做法上也融合了一些宫廷菜和其他地方菜系的特色。如辽宁的沈阳曾是清朝故都，宫廷菜、王府菜众多，制作方法和用料非常考究，同时兼收了京、鲁等地的烹调手法之精华，形成了富有地方风味的东北菜。早在北魏贾思勰的《齐民要术》中，就记述了早期的东北菜"胡炮肉""胡羹法""胡饭法"，说明其烹调技术在古代就已经有较高的水平。

东北菜中的经典菜例有：锅包肉、熘肥肠、熘肉段、东北乱炖、酸菜白肉、小鸡炖蘑菇、地三鲜、拔丝地瓜、羊肉冬瓜汤、甩袖汤、炸芝麻虾、软炸虾等。

虽然在八大菜系中并不见东北菜的身影，但东北菜馆开遍了全国各地，足见其被认可与接受的程度。

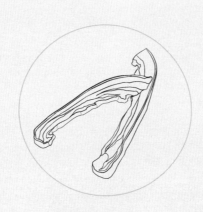

春菰秋蕈总关情

·

王世襄

戢戢寸玉嫩，累累万钉繁。

中含烟霞气，外绝沙土痕。

下箸极隽永，加餐亦平温。

这是宋代汪彦章的食蕈诗。蕈通"菌"，或称"蘑菰"，亦可写作蘑菇，其味确实隽永，且富营养，是厨蔬中的无上佳品。我素嗜此物，尤其是春秋两季野生的，倍觉关情。

记得十一二岁时，随母暂住南浔外家。南浔位处太湖之滨，江浙两省交界处。镇虽不大，却住着不少大户人家。到这里来做佣工的农家妇女，大多来自洞庭东山。服侍外婆的一位老姬，就是东山人，每年深秋，都要从家带一氅"寒露蕈"来，清油中浸渍着一颗颗如纽扣大的蘑菇，还漂着几根灯草，据说它可以解毒。这种野生菌只有寒露时节才出土，因而得名。其味之佳，可谓无与伦比。正因为它是外婆的珍馐，母亲不许我多吃，所以才感到特别鲜美。

在燕京大学读书时，常常骑车去香山游玩，而香山是以出产野生蘑菇闻名的。经过访问，在附近的一个村子四王府结识了一位人称"蘑菇王"的老者，那时他已年逾六旬了。他告诉我，香山蘑菇有大小两种：小而色浅的叫"白丁香"，小而色深的叫"紫丁香"。他谈得有点神秘——采蘑菇要学会看"稍"（读sao），指长蘑菇的地脉，这"稍"从地面草木的长势就可以看出来。他虽向我讲解了几遍，我还是不能得其要领。看来所谓的"稍"一半指草木的葱茏茂密，一半和埋在土内的菌丝有关。蘑菇落下孢子才生长菌丝，所以产菌的地方年年会有蘑菇长出来。使香山出名的是一种大白蘑，直径可以长到一尺多，像一只底朝天的白瓷盘。过去只要在山上发现此种幼菰，便搭窝棚在旁守护，昼夜不离，以防被他人采去。大白蘑只需两三天便长成，采下来装入大捧盒送到宣武门外菜市口去卖，可得白银三五两。因为它是一种名贵的贡品。"蘑菇王"感慨地说："这是前清的事了，这些年简直见不着了。贵人吃贵物嘛，贵人没有了，大白蘑也就没有了。"他的话反映出他的封建意识。实际上逶迤的燕山，只要气候环境适宜，都可能生长这种大白蘑。六十年代我去怀柔县黄坎村劳动，听老乡说当地山上就有，名叫"天花板"，并自古留下"天花板炖肉——馋人"的歇后语。只是很稀少，不大容易遇到而已。我当时以为"天花板"只不过是一个当地土名，不料后来读到明人潘志恒的《广菌谱》，其中就有"天花蕈"一条，并称"出五台山，形如松花而大于斗，香气如蕈，色白，食之甚美"。可见那位老者的话大有来历，顿时不禁对他肃然起敬而自惭孤陋了。

回忆一下，几十年来，北京的各大菜市场一直可以买到鲜蘑菇，察其品种因时而异。六十年代以前，市场上卖的都是鲜蘑菇，品种有二：一种叫"柳蘑"，蕈伞土黄色，簇聚而生，往往有大有小，相去悬殊。烹制时宜加黄酒，去其土腥味。烩、炒俱可，而烩胜于炒。用鸡丝加嫩豌豆烩，是一味佳肴。一种叫"鸡腿蘑"，菌柄较高，色泽稍浅，炒胜于烩。蘑菇的采集者多住在永定门、右安门外，每人都有几条熟悉的路线，隔几天便巡回采一次，生手自然很难找到。后来朝内、东单、西单几个菜市都买不到野鲜蘑，只有菜市口市场还有。据了解是一位姓张的老者隔几天送货一次。随后他找到了工作，在永定门外一所小学传达室值班。野生鲜蘑从此在北京菜市场上绝迹。我曾去拜访过张老汉，问他为什么不干了。他说郊区都在建设，永定河也在整理，生态变了，蘑菇越来越难找，只好转业了。六十年代至七十年代，几个菜市场有时可以买到人造的圆鲜蘑，和一般罐头蘑菇品种相同。近几年，这种人造圆鲜蘑也不供应了，而是凤尾平菇的天下了。论其味与质，自然不及圆鲜蘑。

一九四八年到一九四九年我在美国和加拿大，注意到蘑菇在西餐中的应用。

那里的大城市很容易买到人造圆鲜蘑。餐馆的通常做法是用它做奶油浓汤，或放在奶汁里烤鱼肉，或切碎摊鸡蛋饼、鸡蛋卷。比较好吃的是用黄油煎。作为一个穷书生，自然不可能品尝到名餐馆的各种做法，虽从烹调食谱上也可以了解到不少，总觉得不及中国的蘑菇吃法来的多而好。在波士顿时，我常去老同学王伊同、娄安吉家做油煸鲜蘑，略仿"寒露蕈"的做法而减少用油量。我曾带给租房给我住的英国老太太尝尝。她擅长西法烹调，竟对我的油煸蘑菇大为欣赏，认为比西餐的许多做法要好，特意在小本子上记下我的recipe，并要我示范烧了两次。

　　已故老友张葱玉（珩）兄，是一位杰出的书画鉴定家，也是一位真正的美食家。他几次向我讲到上海红房子西餐厅的黄油煎蘑菇如何如何隽美，而离开上海后再也吃不到了。一九五九年有一天他请我在东安市场吉士林吃饭，特意点了这个菜，结果大失所望。我向他夸下海口，几时买到好蘑菇，一定请他品尝。后来我一次用鸡腿蘑菇，一次用人造圆鲜蘑，都使他大快朵颐，连声说好。道理很简单，关键是黄油煎蘑菇必须用鲜蘑，最好是菌伞紧包着柄尚未张开的野生蘑菇，罐头蘑菇绝对不行，它经高温煮过，水分已经浸透，饶你再用黄油煎也无济于事。味、质皆非矣。

　　湖南的野生菌亦颇为人所乐道，在西南联大上过学的朋友往往谈起抗战时期长沙街头小饭铺的蕈子粉、蕈子面（就是汤煮米粉或面条上加蕈子浇头）如何鲜美，九如斋的瓶装蕈油也常常被人带出来馈赠亲友。一九五六年我在中国音乐研究所工作，参加了湖南音乐普查之行，跑遍了大半个省。那一次的印象是长沙的蕈子粉赶不及衡阳的好而衡阳的又不及湘南偏远小镇的好。看来，起决定作用的不仅在蕈子的品种好不好，而采得是否及时尤为重要，柄抽伞张，再好的蕈子也没吃头了。

　　当年从道县去江华的公路尚未修通，要步行两天才能到达。中途走到桥头铺，眼看一位大娘提着半篮刚刚采到的钮子蕈送进一家小饭铺，我顿时垂涎三尺。不过普查队的队长是一位"左"得十分可爱的同志，非常强调组织性、纪律性，还时时警告队员要注意影响。像我这样出身不好，受帝国主义教育毒害又很深的人，她自然觉得有责任对我进行监督改造，如果我不进行请示批准，擅自进小饭铺吃碗粉，晚上的生活会就不愁没有内容了。好在一路之上我走在最前面，队长落在后头至少三五里之遥，我壮着胆子进去吃了碗蕈子粉。哈哈！这是我在整个普查中吃到的最好的野蕈子！我很想来个第二碗，生怕被队长看见而没有吃，抹了抹嘴走出了小铺的门。

　　"文革"期间，文化部干校在湖北咸宁甘棠附近，1971年以后，干校的戒律稍见松弛，被"改造"的人开始能有一点人的情趣。调查、采集、品尝野生蘑菇就是我的情趣之一。为了防止误食毒菌，首先向老乡们求教。经过了解，才知道当地食用菌有以下几种：

　　洁白而伞上呈绿色的叫绿豆菰，长在树林中，其味甚佳但不易找到。

　　呈黄色的叫黄豆菰，味道稍差。

　　体大色红，草坡上络绎丛生的叫胭脂蘑，须经过灶火熏才能吃，否则麻口。

　　此外还有丝茅菰，冬至菰等，而以冬至菰最为难得，味亦最佳。后来我从"四五二"高地进入湖区放牛，在沟渠边上发现紫色平片蘑菇，起初还不敢吃，后来听秦岭云兄说可以食用才敢吃，味鲜质嫩，与鱼同煮尤美；忆其形态，和现在人造的凤尾平菇相近，应该属于同一品种。

　　云南盛产各种蘑菇，我向往已久。一九八六年我随政协文化组考察古迹，有机会做了几千公里的旅行。从昆明往西，直到畹町、瑞丽，一路上不论大小城镇，每日清晨菜市街道两旁往往有几十人用筐篮设摊，唤卖菌子。一堆堆，大大小小，白、绿、褐、黄，间以朱紫，五光十色，目不暇接。其中最名贵的自然是

"鸡坳"和松茸。按：这"坳"字有多种写法，现在一般写作"棕"或"鬃"，或作"踪"，恐怕都缺少根据。其实古人的写法也不一致。有人写作"塅"（见《骈雅·释草》："鸡菌，鸡塅也。"又杨慎《升庵全集》："云南名佳蕈曰鸡坳，鸟飞而敛足，菌形似之，故以之名。"）有人写作"坳"。（见李时珍《本草纲目卷廿八·菜类》："鸡坳出云南，生沙地间，丁蕈也，高脚伞头，土人采烘寄远，以充方物。"）我认为李时珍是一位科学家，正名用字，比文学家要谨严些，故今从之。

我们车经各地，时常看见收购鸡坳、松茸的招贴，每公斤高达四十元，但要求严，只收菌伞紧包尚未打开者。据说收到后立即冷冻出口，销往日本、香港等国家和地区。因而在街上能买到的、饭馆可以吃到的不是菌伞已经张开，菌柄已经抽长，便是过于纤细，尚未长成，价格每公斤不过数元。至于晒干的鸡坳多为老菌，长柄如麻菌，茎伞如败絮矣。

鸡坳、松茸之外较好的蕈子有青头蕈，我认为它和湖北的绿豆菰同种；"见手青"，因一经手触或刀削便变成青绿色而得名，它质脆而吃火，如与他荤同煮，应先下锅，后下他荤；牛肝蕈颜色红黄相间，也算名贵品种；最奇特的是干巴蕈，色灰黑而多孔隙，完全脱离了蘑菇的形态，一块块像干瘪了的马蜂窝，撕裂洗净，清炒或与肉同炒，有特殊的香味和质感，堪称蕈中的珍异。此外杂蕈尚多，颜色各殊，虽曾询问名称，未能一一记住。

云南多蕈，可谓得天独厚，但吃法似乎还不够多种多样。鸡坳、松茸等除用上等汤炖煮或入气锅与鸡块配佐之外，一般用肉片或鸡片加辣椒烹炒。昆明、楚雄、大理、丽江等地都用此做法上席。本人以为如在配料及烧法上加以变化，一定能有所创新，发挥蕈子优势，使滇菜更富有特色。

香港餐馆，不论它属于哪一菜系，普遍、大量地使用菌类。其中的干香菇多来自日本，肥大肉厚，可供咀嚼，但香味似不及福建、江西的冬菇浓郁。人造圆蘑及草菇，鲜品或罐头多来自福建、广东。福建是我国人造蘑菇的主要产地，曾在福州街头看见种菇户排队等待罐头收购。有的不够规格，就地廉价处理，每斤只几角钱，与一般蔬菜价格相差无几。一九八六年深秋还在江西婺源集市上看到出卖人造鲜香菇，每斤一元。上饶的报纸上还刊登举办家庭香菇技术培训班的大幅广告。北京的气候虽不如闽赣适宜种菇，但我相信草菇、香菇完全可以在暖房中培育出来。圆鲜蘑北京过去早有栽培，今后更应恢复并扩大生产。这样北京的食用鲜菌品种就不至于单一了，对丰富市民及旅游者的食品都有好处。

　　以上拉拉杂杂写了许多，或许有人会问我："你平生吃到的蕈子以哪一次为最好？"我会毫不迟疑地回答："最好吃的是外婆的下粥小菜、母亲只准我尝几颗的寒露蕈，其次是去江华途中只吃了一碗、怕挨批没敢吃第二碗的蕈子粉。"一个人的口味往往是爱吃而又未能吃够的东西最好吃。某些大师傅做菜的诀窍之一是每道菜严格限量，席上每位只能吃一口，想下第二筷已经没有了，以此来博得好评。这诀窍是根据人的口味和心理总结出来的，所以有一定的道理。不过最后我要声明一句：以上云云，决无怂恿大师傅及餐馆缩小菜份的意思。任何好菜，我都希望师傅们手下留情，多给一些。我是一定会加倍称赞并广为揄扬的。

家——生命开始的地方，人的一生都走在回家的路上。在同一屋檐下，他们生火、做饭，用食物凝聚家庭、慰藉家人。平淡无奇的锅碗瓢盆里，盛满了中国式的人生，更折射出中国式伦理。人们成长、相爱、别离、团聚。家常美味，也是人生百味。

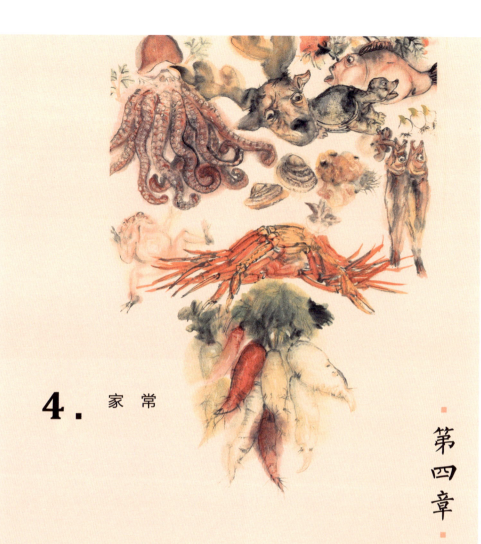

4. 家常

第四章

家 常

/ / / / / •舌尖上的中国·第2季• A Bite of China II

① 面：最重要的家常主食

太行山是中国东部地区重要的山脉和地理分界线。地质运动造就的峡谷中，裸露着十亿年前的石英岩。在这里，山谷相连，耕地稀少。

玉米——这种来自南美的谷物，在中国已有400年的种植历史。夏季的高温让它们过早成熟。

一条孤悬于崖壁上的隧道，使村庄与世界相连。这条隧道由全村人徒手开凿，用了整整30年。悬崖边缘的一块土地总计有1000平方米，种植出的玉米能带来全年2000元的收入。赵小有和小儿子必须抓紧时间，在白露前完成收割。

在五公里外的祖屋里，老伴儿程荣花的工作同样艰巨。用重达300公斤的石碾将玉米研磨成粉，以便制作食物。

小儿媳挖来土豆，大儿媳也赶回帮厨。在婆婆的调度下，她们要给全家人做一顿午餐。

玉米粉中需要加入白面，以增加其黏性。以前，白面珍贵，只能用树皮替代。程荣花就是用这样的方法、这样的心

在这里，玉米是唯一
种植的粮食 ■

玉米面糊和上韭菜段，做成焦香可口的小凹馍，最能讨全家老少的喜欢 ■

思，养活了全家。

秋收是大事，全家人都要出力。由于副食有限，主妇们必须在主食的花样上下功夫。

运用杠杆原理把面团挤压成长条，北方人称之为"饸饹"。饸饹床子架在灶沿边儿上，面条成形后可以直接入锅。面条是中国人最重要的主食，日常制作方法超过1200种。用一支竹筷快速拨出、剔尖儿的制作，速度和力度最难把握。不过，只要把谷物研磨成粉，每一个山西人就都是制作面食的天才。

同样是面食，在山西中部的霍州，做法则更为精致。一双巧手，让日复一日的食物和日子都显得不再单调乏味。

当新婚的女儿回门时，娘家会制作枣花馍。馍的数量和花样代表对女儿的疼爱程度，没有一个母亲会怠慢。

"蒸"是中国家庭烹饪最经典的形式之一，湖北天门是蒸菜的故乡。主妇们懂得充分利用热量，让菜与饭同时完成烹饪。

在桌椅出现之前，中国人吃饭是分食制，经过了一千四百多年的演变，才开始围桌合餐。四代同堂因为丰收而团聚起来，不过，尽管是最普通的家常饭菜，也要讲究落座的顺序和朝向。祖爷爷90岁了，一辈子做农事，正对院门的座位要留给他，这是中国传统长幼尊卑的秩序。

吃着自己种的粮食，一家人因为勤劳而感到踏实。无论天南海北，只要是属于家庭的重要时刻，中国人就会团聚在

蒸——这样的烹饪方法，不仅能保证食物的原汁原味，还能保持它们的外形 ■

餐桌周围，感受着血缘亲情的凝聚和抱团生存的力量。这，也是一个家族在严酷环境下生生不息的奥秘。

寡淡的饸饹，必须搭配浓烈的卤子才能出彩。这顿饭过后，还有更繁重的劳动等待着丈夫们 ■

饸饹

饸饹，也被称为"河漏""河捞"，是中国北方汉族最常见的面食之一，拥有古老的制作与食用历史。传统的制作方法是把和好的高粱面、小麦面或荞麦面放入饸饹床子里，制作者坐在杠杆上，把面挤轧成长条，放入锅里煮熟，再配以由豆腐、肉或红白萝卜做成的臊子，浇上辣椒做成的浇头，就可以吃了。

饸饹的食用历史很长，在元代王桢的《农书·白谷谱集之二》中的"荞麦"里就有对饸饹的记载："北方山后诸郡多种，治去皮壳，磨而为面……或作汤饼，谓之'河漏'，滑细如粉……"这段记载表明，饸饹形状细长、口感爽滑，且早在元代就被一些家庭作为主食食用。在蒲松龄的《日用俗字》一篇中，也有对饸饹的描述："压如麻线细。"可见其精致。《水浒传》第二十四回也写道："他家卖拖蒸河漏子，热汤温和大辣酥。"

在众多饸饹面中，河南郏县的"金刚饸饹面"最有名。它最初以荞麦面为主料，配以熟羊肉熬制的羊肉汤浇头，清香扑鼻。到了清末，人们又用小麦面代替了荞麦面，口感上更胜一筹。

关于金刚饸饹面的由来，有很多有趣的记载。传说，在明崇祯十六年（公元1643年）初，三边总督孙传庭出兵潼关，在河南与李自成义军作战。为了丰富军粮的口味，出发前，孙传庭传谕三军，每军可携带20台饸饹机。结果，在这一年的十月，明军与义军在郏城狭路相逢，明军中计，被义军杀得溃不成军，包括饸饹机在内的军械被当地的百姓和义军全部缴获。当地百姓为纪念义军骁勇善战的金刚精神，把用这些饸饹机做出来的面食称为"金刚饸饹"。

不过，据说早在唐代，郏县就已经有金刚饸饹面了，还与被称为"唐宋八大家"之一的韩愈有关。传说，唐宪宗元和九年（公元814年），河南上蔡一带的刺史拥兵自立。韩愈带兵生擒了刺史，路过郏县时，还吃了金刚饸饹面。由此推断，金刚饸饹面至少有1200年的历史了。

② 红烧肉：最经典的家常菜

在上海，有80万名中学生。

子钰今年16岁。五年前，她从河南来到上海求学。母女俩租住在学校附近，在她们居住的15平方米的小屋里，没有独立卫生间，四户合用厨房，但房租便宜。这是她们在上海的家。

在学校里，有一群与子钰经历相似的孩子。他们大多来自中国各地，有超过十年学习乐器的经历，并经过了严格的选拔，他们的目标是成为演奏家。

子钰从四岁开始学琴，为求学去过武汉，到过北京。被上海的学校录取后，母亲辞去工作，全职陪读。她们的生活

家常

全靠父亲一个人负担，由于要支持女儿出国比赛和演出，五年来，父亲从没有来过上海。为了让孩子获得更好的教育，不惜背井离乡，这是中国很多独生子女家庭的选择。

对子钰来说，中提琴几乎占据了生活的全部。

母亲的生活半径要更长些，为了买到新鲜的食材，母亲会去更远一些的大菜场，自己再节俭，也不会怠慢女儿的三餐。子钰正是长身体的阶段，加上每天八小时站立拉琴，母亲需要及时给女儿补充能量。

在汉族的菜谱上，红烧肉的历史不算悠久，却最受欢迎 ■

做红烧肉的这门手艺，子钰母亲是来上海后跟邻居学的。肉类富含脂肪，转化成身体所需的热量，是等量蛋白质和碳水化合物的两倍。上好的带皮五花肉一定要肥瘦相间，猪肉、酱油常见易得。烹饪不需要高深技巧，只需付出时间和耐心，这让红烧肉成为中国家常菜的经典菜式之一。

红烧肉的肉汤不容浪费，无论加入什么食材，吸饱汤汁后都会变成红烧肉最默契的配角

考究一些的制作方法，是先用猛火炙烧肉皮，使肉皮在高温下迅速收缩，这样可以使肉经过长时间炖制后，仍保持劲韧的口感。

红色，是红烧肉外观的标签。要获得这种诱人的色泽，可以炒糖色、加老抽，也可以借助红曲米或豆腐乳，各家都有自己的方法。除了肥瘦相济、丰盈润腴的外观，火候的老嫩，味道的浓淡，各家各户，千变万化。相对于技巧，倾注的心意才最值得回味。

上海红烧肉、河南抻面，还有柏辽兹，这是妈妈独创的搭配 ■

一对一的专业课，每周一次。子钰的指导老师盛利异常严格，国际大赛和独奏音乐会就在眼前，子钰必须加紧操练。

五厘米厚的笔记，已经是第四本，女儿的专业课，妈妈从未缺席过 ■

大多数中国人认为，农历八月的月圆之夜应该和家人团聚。盛利老师知道子钰和妈妈回不去，便邀她们一起来享用家宴。

北方人过年的时候吃饺子，来客人的时候也吃饺子，这是他们招待客人最好的方式。子钰和母亲好多年没有回家了，对饺子的味道甚是想念。盛老师也是北方人，和子钰一样，年少求学、漂泊四方，最终安家上海。家宴少不了饺

子，当然，也少不了上海红烧肉。

回到家，母女俩继续忙碌着。为了申请签证，妈妈甚至靠翻字典学会了写英文信。女儿除了练琴，整理琴谱、收集资料等一切杂事，全由母亲一个人打理。

五年来，母女俩在暑假寒假没有回过一次家，即使今年奶奶病情严重，已经化疗了十几个疗程，母亲也不敢带子钰回去。对于整个家庭，母亲心里非常歉疚，为了女儿的前程，自己无法在家照顾老人和丈夫。她觉得除了母亲这个角色之外，自己没能做好女儿，也没能当好妻子。所以，只有在欣赏子钰出色的演出时，母亲才露出满足的微笑。

如同传授母语，母亲把味觉深植在孩子的记忆中，这是

不自觉的本能。这些种子一旦生根、发芽，即使走得再远，
熟悉的味道也会提醒孩子家的方向。

红烧肉

红烧肉是本帮菜的经典菜式之一，特点是咸中带甜，带有浓郁的"浓油赤酱"的本帮菜特色。

选用带皮的上好五花肉，切成麻将牌大小的方块，经过余水、煸炒、上色、大火烧制、文火慢炖而成。

红烧肉的做法因地而异，做法多样。正宗本帮菜中的红烧肉除了姜以外，不加任何多余的香料。所以，本帮菜中的红烧肉，入口即化、肥而不腻，带有猪五花肉本身的鲜香味。

红烧肉中，最著名的是"东坡肉"，相传为北宋文人苏东坡所制。在宋人周紫芝的《竹坡诗话》中所记：东坡性喜嗜猪，在黄冈时，尝戏作《食猪肉》诗："慢着火，少着水，火候足时他自美。每日起来打一碗，饱得自家君莫管。"从这首诗中不难看出，苏东坡深谙火候与时机是做出的红烧肉好吃与否的重要因素。因其味美酥香，盛传开来，成为汉族名菜。东坡肉也是红烧肉最早的雏形。

正如同苏东坡诗中所言，红烧肉好吃，但做起来并不那么容易。最重要的是要用大火煮，再用小火炖，时机非常重要。一般要用大火煮30分钟，再用小火炖制一个小时。最后，还要花30分钟进行收汁。这样，一盘鲜香酥烂的红烧肉就做成了。

③

泡菜与西瓜酱：美味的下饭菜

　　吴童从事的是一种新兴职业——徒步俱乐部的领队。他从不回避自己的身世，自从十岁那年父母离婚之后，家对他来说，就是姑妈的泡菜坛子。

　　吴童的姑妈住在眉山，今天，她要迎接吴童回家。

　　四川泡菜，口感爽脆、滋味酸辣，是四川人家中必备的看家菜肴。川菜味型丰富，要想塑造复合的味道，泡菜是必不可少的调味料。

　　要制作地道的泡菜鱼，不能缺少泡姜和泡椒。热油逼出香辣气息，释放出酸性物质，不仅让鱼肉更加细腻，还能去腥、提鲜。加入大叶薄荷，可以为酸辣的汤汁增添一种奇异的芳香。

　　吴童从小就住在姑妈家，刀子嘴豆腐心的姑妈生怕带不好他，无法向他父母交代。每次回到姑妈家，姑妈都会问吴

只有到了四川，才能知道泡菜的意义。这里，每家每户都有泡菜，各家泡菜的味道也各有千秋 ■

童想吃什么。其实，吴童觉得，家里无论做什么都是最好的美味。

姑妈做的泡菜，都选用应季最鲜嫩饱满的蔬菜。腌制前洗干净，晾在屋檐下，轻微脱水。盐和凉白开按1∶50的比例混合。加入萝卜、仔姜、豇豆，再放上辣椒提味，蒜头杀菌，花椒增香。

一切就绪，便是请出"老盐水"的时候了。"老盐水"相当于发面时使用的酵母，有了它，坛子里的杂菌就能得到抑制，使得乳酸菌的数量占上风。在乳酸菌的作用下，蔬菜中的糖转化成乳酸，造就了泡菜酸爽的风味。

往坛沿儿里倒进清水，可以阻隔空气和细菌。十几天的

将新鲜蔬菜和煮熟的凤爪浸在泡菜水中，只需一天，就变成一道让人欲罢不能的爽口小菜

时间，微生物的辛勤劳动，赋予蔬菜新的活力。它们褪去艳丽和生涩，变得清亮、脆嫩、酸冽。

还有一种泡菜是吴童的最爱，那就是泡椒凤爪，姑妈的手艺来自奶奶。带到户外与朋友分享，更是绝佳的野餐食品。

又一次出发，吴童突然决定改道，去乐山看望独居的父亲，也为父亲带去了泡椒凤爪。由于还要赶路，吴童与父亲

相聚的时间只有一个小时。值班室里，简单的饭菜，半年多没有见面的父子，相对无言，心头各有一番滋味。

潮湿温暖的四川中部，适合另一种传统腌菜的制作——芽菜，原料取自晒干后韧性好的芥菜。

做芽菜的诀窍就是要加红糖，这样可以使颜色变成金黄，很好看。将花椒、八角、山柰磨成粉，和在芽菜里面，又香又甜。

经过时间打磨的滋味，腌菜有时比鲜菜还要诱人。

有一类食物，既能当菜，又能当佐料。不需要太多，却

腌制一年以上的芽菜风味最佳，是无所不能的百搭佐料。燃面——宜宾一绝，即使重油重辣，也难掩芽菜的鲜香

是主食最佳的陪伴。这就是中国家庭食谱上的下饭菜。

七月，闷热的黄河冲积平原，沙质土壤孕育的西瓜已经成熟。西瓜甘甜的滋味并非只能享用一季，还可以做成西瓜酱。

三伏天是每年下酱的时候。第一步，做酱豆。姥姥选了小粒黄豆，煮到入口酥烂。将黄豆摊开，慢慢冷却。

全家十口人，养大了儿女的姥姥又开始抚养第三代。漫长的夏天有很多事要做，但姥姥知道，做事和下酱一样，不能心急。

将黄豆晾到半干，裹上炒熟的面粉。面粉中的蛋白质和淀粉能给黄豆的发酵提供养料。再垫上稻草，就是温床，将黄豆铺在上面，疏松平整。被子既能控制温度，又能阻隔杂菌。40年的经验告诉姥姥，霉菌的长势决定了酱的风味。

姥姥已经70岁了，她有两个儿子、两个女儿和三个外孙。只有到每年春节的时候，儿女们才会回来。一个春节过去，姥姥又开始期盼下一个春节。她很少给孩子们打电话，总是让他们不要挂念。

做西瓜酱的第二步是切西瓜，这是外孙们最喜欢的环节。姥姥将瓜瓤心儿留给小外孙。西瓜连瓤带皮的部分糖分不高，更适合做西瓜酱。一年中最热的十天，菌丝成熟茁

西瓜酱，一种家常的下饭菜，可以把夏天的味道神奇地保存下来 ■

壮，显现出合格的黄绿色。

再撒上盐、姜丝、花椒、大料、香叶等调料。西瓜新鲜，汁水丰盈，不断翻动揉捏，所让所有食材都饱吸甜美的西瓜汁。

最后，将食材装入酱缸。封进缸里的不仅仅是美味，还有期盼。40天后，美味即成，纯正的酱香伴着微甜，一小碟就能让人食欲大开。

而对姥姥来说，西瓜酱最好的滋味，要等到儿女们回来。那是一年中最幸福的时光。

四川泡菜

四川泡菜，又叫泡酸菜，在川菜中的地位无与伦比。其味道咸酸，口感脆嫩，色泽鲜亮。通常，在四川的宴会上，品尝美味佳肴之后，会上几道泡菜，既用于解酒，也用于解腻。除此以外，泡菜也被用作川菜制作中的辅料，如泡菜鱼、酸菜鸡豆花汤等，增加了川菜的风味特色。

在四川，家家户户都有腌制泡菜的习俗，也习惯于把多种菜用老盐水泡制食用。不过，按制作时间的不同，泡菜可以分为滚水菜和深水菜。所谓的滚水菜，是指在泡菜水里放置一两天即可食用，如萝卜皮、莴笋条、叶类蔬菜等；而深水菜，则是指要经过长时间的泡制，如仔姜、蒜、泡椒、心里美萝卜等。四川除了素泡菜之外，还有荤泡菜，如泡猪耳、泡凤爪、泡牛百叶等。

四川泡菜营养价值很高，具有以下几个特点：

· 促进营养物质的吸收

· 改善肠道功能

· 维持膳食平衡

· 降低血清胆固醇水平和血脂浓度

· 抗高血压，预防糖尿病

· 调节免疫功能

· 抗肿瘤

总之，四川泡菜除了入口爽脆外，还是不可多得的健康食品。

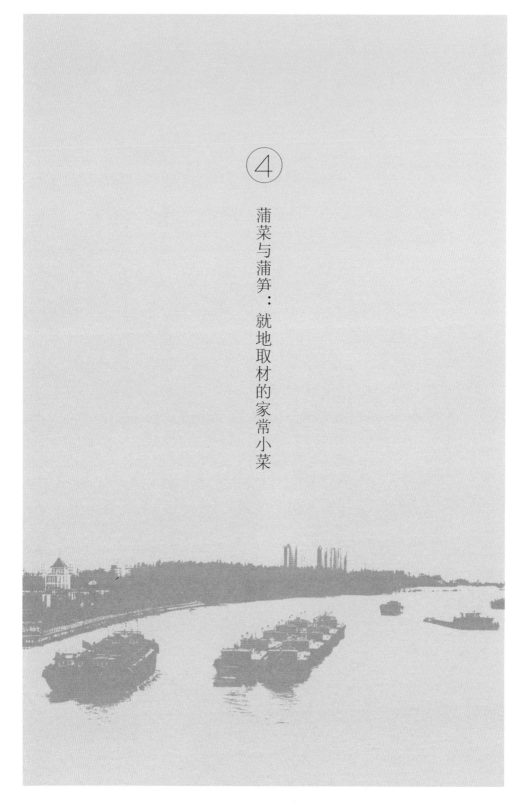

④

蒲菜与蒲笋：就地取材的家常小菜

在物产丰饶的地区，对于主妇来说，经营一家人的饭菜或许不是难事。不过，大自然也不会忘记另一些地方。中国的巧妇，善于就地取材。

吴月珍正在寻找一种野茭白，当地人叫它蒲笋。蒲笋在辽河边自然生长，不用上肥，也不用人打理，采回来就可以吃。作为下一季蒲笋到来前的最后一次采摘，吴月珍有自己的打算。

蒲笋直立茎的幼嫩部分可以食用。人们熟悉的茭白，有膨大的纺锤形肉质茎，是蒲笋的一种变异。全世界只有中国和越南培育这种蔬菜。

一道虾子焖茭白，食材非常简单。上色后，用清汤浸润，文火焖制，这是夏季最常见的家常菜 ■

用刚采摘的新鲜蒲笋炒一盘蒲笋烧肉，用东北话说，叫"鲜灵"。剩下的蒲笋晒起来、风干，可以长时间保存，精明的主妇都会早做准备。

辽东湾一个普通的早晨。凌晨三点，吴月珍就起床了，五点的时候，她已经准备好了早餐。餐桌上的食物十分丰富，这是支撑丈夫和儿子一上午重体力劳动的关键。六点半，她给鸡舍添加饲料。七点，就到送小孙子去幼儿园的时间了。

一年四季，吴月珍的每一天都是这样开始的。

淮扬地区的水塘里，人们追逐另一种生命力顽强的野菜。虽然它和蒲笋有着相同的生长环境和相似的名字，但它们是两种完全不同的植物。很多菜系里都有它的位置，这就是蒲菜。

将蒲菜切碎，打进蛋液，摊成饼状。扬州的这种烹饪方式，用鸡蛋的柔软凸显蒲菜的脆爽

可以把蒲菜做成馅儿料包饺子，这是淮安的名点。咬一口蒲菜馅儿的饺子，蒲菜的异香能让口腔和鼻腔共同形成立体的感受。济南人会选最嫩的蒲芯做一道当地名菜——奶汤蒲菜。寻常人家不备高汤，用面粉炒糊，也能调制出浓稠的奶白色汤汁，再加上火腿、香菇和冬笋的陪衬，使得这道菜鲜香倍增。

一到秋季，辽东湾的碱蓬草红成一片海洋。吴月珍家窗台上的蒲笋已经风干。她往蒲笋干中加入热水，让它们舒展筋骨。烫过的蒲笋干与肉同烧，多加入一些汤汁，在这个过程中，蒲笋干的活力得以彻底释放。再往灶火中添一把芦苇秆，继续焖上一小时，就可以出锅了。巧妇总能将最普通、最不起眼的食物变成美味佳肴。

水稻成熟的季节，南方的蒲菜落市。但对吴月珍来说，不能食用的蒲草仍有其利用价值——将它晒干，能编织成各

种生活用品。

八年前，吴月珍的老伴儿心脏病突发，险些离她而去。她揽下家里和地里所有的活儿，悉心照料了老伴儿五年。她像蒲草一样坚韧，维系着这个家。

晚上，家人都回来了，全家人围在炕上吃晚饭，这是吴月珍一天中最安稳的时刻。她最大的心愿就是好好照顾老伴儿，一家人相亲相爱、团团圆圆、乐乐呵呵，幸福地生活下去。

蒲菜

在江苏淮扬地区，流行一种野生的蔬菜，它能用来当饺子馅儿，又可以和进蛋液摊成鸡蛋饼。它叫蒲菜，俗称"草芽"，是香蒲的嫩茎，在我国已经有两千多年的食用历史。

早在《周礼》中，就有对蒲菜的记载；明朝也有关于它的诗："一箸脆思蒲菜嫩，满盘鲜忆鲤鱼香"。

而在淮安民间，也流传着关于蒲菜的歌谣："蒲菜佳肴甲天下，古今中外独一家。"它还被称为"抗金菜"，源于南宋抗金名将梁红玉。南宋建炎五年（公元1131年），十万金兵攻打淮安。梁红玉镇守淮安被困，在内无粮草、外无援军的情况下，偶然发现马吃蒲茎。官兵们就采来蒲菜，缓解了缺粮的燃眉之急。军民同心协力，最终击败了金兵。从此，蒲菜就在淮扬一带流行开来。

如今，蒲菜已成为当地宴席中必不可少的主菜之一，并有"无蒲不成席"的说法。

⑤

汤：滋补养生的甜与润

拱北口岸连接着珠海与澳门，人流在晚上九点进入一个小高峰。

　　潘先生生活在澳门，每隔两三天，他就要过关到珠海买菜，这已经成为很多澳门人的生活习惯。口岸边的菜场开到夜里12点，潘先生是这里的熟客。

　　20岁的女儿佩琪已经独立生活，仍然是父亲放不下的牵挂。他常常来到女儿的住所，在餐后为她煮一锅陈皮红豆沙。潘先生祖籍广东中山，餐后喝一碗陈皮红豆沙是老家的习惯，女儿也深受影响。

　　与陈皮红豆沙类似的中式甜品，广东人称之为"糖水"。两广人对一碗糖水的评价有两个字，一个是"甜"，指味道；另一个是"润"，指口感。而甜和润，在汉语里不仅代表风味，更能延展至心境，甚至直指人心。

　　人生中也有这样甜蜜的时刻。葡韵，是澳门人最喜欢拍婚纱照的地方。三年前，佩琪和志明在这里一见钟情。

　　女儿第一次下厨帮忙，因为家里要来客人。志明为潘先生带来初次见面的小礼物，潘先生则特意为他煮了一锅鹌鹑蛋白果糖水。

"糖水"，可以视作一
种中式甜品，形态以
羹、汤、糊为主 ■

一碗糖水融化了中国父亲的深沉内敛。然而第一次面对
未来的女婿，每一个父亲心里的滋味，也许要比一碗糖水来
得更为复杂。

而对于中国女性来说，克勤克俭一直是传统美德，只有
一个阶段例外——孕期。在这个人生的特殊阶段，准妈妈们
可以合情合理地尽情享受无微不至的照顾。

29岁的梦露已经怀孕七个月，她每天都在为宝宝的降生

做准备。刚知道自己怀孕时，梦露觉得不可思议。直到有了胎动之后，她才真切地感受到这个小家里多了一员。

梦露所在的城市——珠海，是一个90%为外来人口的城市。丈夫汉生是广东本地人，梦露来自四川。

梦露马上就要临盆，她正经历临盆前的第一次阵痛。她一面热切地期待着宝宝的出生，一面给自己打气，以此抗拒对分娩的恐惧，丈夫则陪在她身边悉心照顾。此时，梦露与汉生的父母也都赶来了。

长达九个小时的阵痛，梦露的体力下降很快。但她必须坚强，因为宝宝需要她的帮助。

汉生和梦露的孩子是中国独生子女的第二代。四个父母、一对夫妻、一个孩子，这种"4-2-1"的家庭结构，已经是中国城市社会的主流。孩子牵动的是三家人的心。

产房传来新生儿的哭声，梦露和汉生喜得千金。小宝宝正好六斤重，长50厘米。夫妇俩早已约定了女儿的小名——小福星，意思是幸福的小星星。

小福星的第一餐并不顺利，她还要多练习。对于梦露来说，生下孩子只是人生历练的开始，做好一个母亲也许是更大的命题。

川菜、粤菜轮番登场，
两家父母志在必得 ■

　　产妇需要更多的营养，厨房迅速变成了赛场，竞技者是双方父母。与其说这是在展示老人们毕生的厨艺，不如说是在表达迎接新生命的喜悦。

　　广东的爷爷奶奶自信有家传的照顾产妇的秘方，他们相信用泉水煲汤的效果最好。而四川的外婆则带来了晒干的鱼腥草，用它炖鸡汤，被认为有利于伤口愈合，最适合产妇身体恢复。

　　甘甜丰水的木瓜和鲫鱼共同炖煮。中国传统医学认为，两种食材都有助于乳汁分泌。这是广东的做法。现代科学认为，任何对食物的加工都会造成营养不同程度的损失，但这绝对不能说服广东人。

　　"老火汤"是广东人的骄傲。各种标志着保健功能的食材添加在砂煲里，经过数小时文火慢炖，食材的香味素反复释放，煲出的汤汁浓郁回甘，被赋予各种滋补的暗示。

　　广东人的另一种炖汤也讲究一个慢字，但借助的是蒸汽。密闭的炖盅锁住水分，烹饪时间更长，汤汁久炖而不沸，鲜味和香味物质可以成倍生成。

　　爷爷为梦露精心熬制了一碗红枣鲫鱼木瓜汤。喝汤是梦露每天的功课，她的饮食不仅关系到产后恢复，还要为小福星提供足够的营养。

　　广东和四川相距1500公里。在语言和饮食传统上都有天壤之别，但双方父母都自信有食物养生的秘诀。面对双倍的关爱，梦露一时间难以消受，很多时候，她根本喝不了那么多汤水。为了照顾老人们的感受，汉生只好替妻子喝掉。

　　两个月后，幸福的故事有了戏剧性的结尾——汉生的体重超标了。

一碗最好的炖汤，讲究
的是汤色如茶 ■

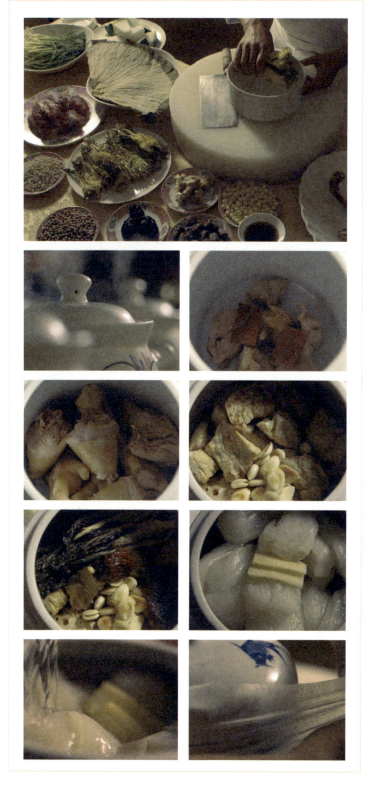

梦露和汉生都是受过高等教育的新一代年轻人，尽管明白父母的爱意，但对抚养孩子，他们有自己的主张 ■

春天，吴月珍在地里播下新的种子。

子钰获得了国际比赛冠军，走向更广阔的世界。

程荣花和赵小有期盼来年风调雨顺，能有好的收成。

人类组织家庭的原因之一，是为了更合理地生产和分配食物。正是这些人间烟火，使家庭组织更加紧密。尽管千家万户的家常美味各不相同，但有位作家说，幸福的家庭都是相似的。

糖水

糖水和老火汤一样，是深受两广地区人民喜爱的小吃之一。它的种类繁多，既是饭后甜点，也是夜宵小食，同时还具有消暑解腻的功效。

不过，它在不同的地方有不同的叫法。广州人称其为"糖水"，而潮汕人则称它为"甜汤"。同时，广州和潮汕地区的甜品也有一些不同。潮式甜汤的味道较浓、较甜，广式糖水的味道则比较清淡。广式糖水一般比较讲究疗效，是为了温补、消暑或下火而烹制；潮汕人则把它视为一种小吃，至于疗效，却不在潮汕甜汤的追求范围之内。

广州人视糖水和煲汤一样，具有养生的功效，不同的材料在广州人眼里有不同的功效，有的属于凉性，有的则较燥较热。不同的主料搭配不同的辅料，可以起到相辅相生的作用。什么样的症状吃什么样的糖水，是广东人食用糖水时的标准与原则。

著名的糖水有：番薯糖水、冰糖燕窝、银耳莲子百合汤、水果西米露、姜撞奶、杨枝甘露、芝麻糊等。

家常

佛跳墙

•

梁实秋

佛跳墙的名字好怪。何物美味竟能引得我佛失去定力跳过墙去品尝？我来台湾以前没听说过这一道菜。

《读者文摘》（一九八三年七月中文版）引载可叵的一篇短文《佛跳墙》，据她说佛跳墙"那东西说来真罪过，全是荤的，又是猪脚，又是鸡，又是海参、蹄筋、炖成一大锅……这全是广告噱头，说什么这道菜太香了，香得连佛都跳墙去偷吃了。"我相信她的话，是广告噱头，不过佛跳墙，我也一直的跃跃欲试。

同年三月七日《青年战士报》有一位郑木金先生写过一篇《油画家杨三郎祖传菜名闻艺坛——佛跳墙耐人寻味》，他大致说："传自福州的佛跳墙……在台北各大餐馆，正宗的佛跳墙已经品尝不到了……偶尔在一般乡间家庭的喜筵里也会出现此道台湾名菜，大都以芋头、鱼皮、排骨、金针菇为主要配料。其实源自福州的佛跳墙，配料极其珍贵。杨太太许玉燕花了十多天闲工夫才能做成的这道菜，有海参、猪蹄筋、红枣、鱼翅、鱼皮、栗子、香菇、蹄髈、筋肉等十种昂贵的配料，先熬鸡汁，再将去肉的鸡汁和这些配料予以慢工出细活的好几遍煮法，前后计时将近两星期……已不再是原有的各种不同味道，而合为一味。香醇甘美，齿颊留香，两三天仍回味无穷。"这样说来，佛跳墙好像就是一锅煮得稀巴烂的高级大杂烩了。

北方流行的一个笑话，出家人吃斋茹素，也有老和尚忍耐不住想吃荤腥，暗中买了猪肉运入僧房，乘大众入睡之后，纳肉于釜中，取佛堂燃剩之蜡烛头一罐，轮番点燃蜡烛头于釜下烧之。恐香气外溢，乃密封其釜使不透气。一罐蜡烛头于一夜之间烧光，细火久焖，而釜中之肉烂矣，而且酥软味腴，迥异寻常。戏名之为"蜡头炖肉"。这当然是笑话，但是有理。

我没有方外的朋友，也没吃过蜡头炖肉，但是我吃过"坛子肉"。坛子就是瓦钵，有盖，平常做储食物之用。坛子不需大，高半尺以内最宜。肉及作料放在坛子里，不需加水，密封坛盖，文火慢炖，稍加冰糖。抗战时在四川，冬日取暖多用炭盆，亦颇适于做坛子肉，以坛置定盆中，烧一大盆缸炭，坐坛子于炭火中而以灰覆炭，使徐徐燃烧，约十小时后炭末尽成烬而坛子肉熟矣。纯用精肉，佐以葱姜，取其不失本味，如加配料以笋为最宜，因为笋不夺味。

"东坡肉"无人不知。究竟怎样才算是正宗的东坡肉，则去古已远，很难说了。幸而东坡有一篇《猪肉颂》：

> 净洗铛，少着水，
>
> 柴头灶罨焰不起。
>
> 待他自熟莫催他，
>
> 火候足时他自美。
>
> 黄州好猪肉，价钱如泥土。
>
> 贵者不肯食，贫者不解煮。
>
> 早晨起来打两碗，
>
> 饱得自家君莫管。

看他的说法，是晚上煮了第二天早晨吃，无他秘诀，小火慢煨而已。也是循蜡头炖肉的原理。就是坛子肉的别名吧？

一日，唐嗣尧先生招余夫妇饮于其巷口一餐馆，云其佛跳墙值得一尝，乃欣然往。小罐上桌，揭开罐盖热气腾腾，肉香触鼻。是否及得杨三郎先生家的佳制固不敢说，但亦颇使老饕满意。可惜该餐馆不久歇业了。

我不是远庖厨的君子，但是最怕做红烧肉。因为我性急而健忘，十次烧肉九次烧焦，不但糟蹋了肉，而且烧毁了锅，满屋浓烟，邻人以为是失了火。近有所谓电慢锅者，利用微弱电力，可以长时间地煨煮肉类，对于老而且懒又没有记性的人颇为有用，曾试烹近似佛跳墙一类的红烧肉，很成功。

大多数美食，都是不同食材组合、碰撞产生的裂变性奇观。

若以人情世故来看食材的相逢，有的是让人叫绝的天作之合，有的是叫人动容的邂逅偶遇，有的是令人击节的相见恨晚。

人类的活动促成了食物的相聚，食物的离合也在调动着人类的聚散。西方人将它称作"命运"，中国人则称其为"缘分"。

第五章

5. 相 逢

相逢

/ / / / / •舌尖上的中国 · 第2季• A Bite of China II

八月，锡林郭勒草原刚刚苏醒。

乌力吉把牛群赶到了自家的草场。丰沃的土地给予牛羊养料，还催生了一种珍稀的精灵——口蘑。它只生长在蘑菇圈上，这种神奇现象，得益于蘑菇分泌的一种物质，让草拥有含量更高的叶绿素。

白蘑，是口蘑中最为珍贵的品种 ■

晾晒成干的白蘑含有充沛的鸟苷酸盐，味道异常鲜美，而它的价格也很昂贵，一公斤可以卖到两千多元。

五十出头的何福志是一名口蘑商人，经常驱车几百公里去草场收购蘑菇。在秋雨即将到来的前夕，他带着23岁的女儿玉凤到乌力吉家询问蘑菇的收成。

老何的妻子病重，需要人照顾，于是，女儿在大学毕业以后，就回到草原，和父亲一起经营蘑菇生意。

收成时好时坏，乌力吉家也没有采到白蘑，只有一部分名叫"天花板"的蘑菇。而此时，牧民们已经开始储藏牛羊过冬的饲料。这意味着口蘑季节即将结束。父女俩决定再做最后的努力，自己到草场去找蘑菇，结果还是一无所获。

牧民用白蘑和鸡肉一同炖煮，鲜味成倍提升 ■

相逢

　　口蘑的萌发需要雨水眷顾，预报中的秋雨迟迟未到。老何很不甘心，父女俩决定借宿在牧民家，继续等待。吃完晚饭，晚来的秋雨洗刷了整个草原，同时也催生出了小白蘑。

　　虽然新的白蘑还很小，但也给老何带来了新的希望，他心里明白，此后的几天，自己终将得偿所愿。采了几个相对较大的蘑菇后，老何和女儿赶在下雨之前回到了牧民家。

　　距离锡林郭勒400公里的张家口，也是口蘑的成名之地。它是古时的长城关隘，也是中原与北方贸易往来的咽喉要塞。

　　白蘑的菌肉肥厚、质地细腻，用开水泡两三个小时后，干白蘑开始恢复饱满的身姿。再把它放入清水，经过上千次反复搅打，将泥沙除尽，就可以进行烹制了。

　　将泡好的笋干与白蘑干切成片儿，放进高汤中煨透，再加入重油慢火翻炒，随着油慢慢浸入，口蘑片变得丰腴滑润，笋片重新找回爽脆的口感。最后加入口蘑原汤，便做出了一道有着三百多年历史的北方名菜——烩南北。

　　锡林郭勒草原和张家口因为同一种美味——白蘑而相逢，而四川大凉山与云贵高原的大娄山，则因为"麻"与"辣"遥相呼应。

江南冬笋邂逅塞北口
蘑，不仅造就了一种美
味，更带来了无尽的想
象空间 ■

　　在大凉山，生长着中国西南地区最具标志性的香料——
花椒；大娄山上的土家族人，则非常懂得如何栽培出最好的
朝天椒。从美洲传入中国的辣椒，在中国迅速生根发芽，逐
渐取代了本土的辛香料，成为美食的主角。土家族人种植的
朝天椒，其辣度可达到50万斯高维，这意味着需要用50万倍

的水，才能彻底稀释它的辣味。

而这一麻一辣的两种食材，最终在另一座城市汇聚——山城重庆。

张平用妻子的名字开了一家火锅店。依靠这家小店，他们有了稳定的生活，也有了自己的下一代。

深夜十点的重庆，飘浮在城市上空的麻辣鲜香尚未散去。在闷热的楼道口，张平开始炒料。重庆"朝天红"与河南名为"新一代"的辣椒品种混在一起，前者辣味最劲，后者则富含辣红素，能赋予火锅艳丽的色泽。茂汶"大红袍"麻味浓烈，金阳青花椒香气外向，再加入豆瓣和豆豉，让汤

汁浓稠，而姜末的辛香则能使辣味的层次更富多元化。

比原材料正宗更重要的是张平的一双手。在不停的翻炒中，香味物质渗入油中，再经过烹煮，芳香素进一步释放。十年来，张平只相信自己。一个通宵炒三大锅底料，够自家店里五天使用的量。

除了底料的秘密，火锅的味道还要归功于重庆人对食材的神奇处理。

黄喉是牛或猪的主动脉，有一层难以撕裂、会影响口感的膜，需要工人戴上增加摩擦力的手套，小心翼翼地撕下。一般一个熟练工一天最多可以处理1000根黄喉。

毛肚，取自牛的第三只胃，重庆人只选用叶瓣的部分，因为它足够薄且面积巨大，表面还能吸附上大量的调料，使口味更加浓重。

除此之外，鸭肠、胗花、耗儿鱼、午餐肉等平民食材，

都在重庆火锅中相逢，并化腐朽为神奇。

一般人相信，现代的火锅，最初是随北方游牧民族传入中原，并催生出不同的形制。

北京涮肉火锅中所用的羊肉，细薄如纸，吃的是嫩；在云南的菌子火锅中，菌菇清甜鲜美，吃的是香；潮汕的牛肉火锅，牛肉丸筋道多汁，吃的是韧。火锅，最集中地体现了中国人对于热闹和团圆的向往。

但是，谁都比不上重庆人对火锅的挚爱。在山城，遍布两万多家火锅餐厅，每30个重庆人中，就有一个人从事与火锅相关的职业。

花椒和辣椒的香艳相逢，不仅是味蕾和神经之间电光石火般的碰撞，也是亚洲和美洲之间的越洋聚首。这两种奇妙的香料，携手闯荡江湖，不仅塑造了重庆火热的盛夏味道，也让麻辣火锅染红大半个中国。

口蘑

口蘑因其产量少、需求量大，和松茸一样，一直是珍贵菌子之一。

口蘑的主要产地位于锡林郭勒盟、阿巴嘎旗、呼伦贝尔草原和通辽地区。它们是一种白色伞状菌，一般生长在有羊粪蛋或羊骨的地方，并形成独特的蘑菇圈。

口蘑的菌盖长成后，直径可以达到17厘米，表面光滑、肉厚，具有菌子特有的清香气息。

在口蘑还没有在张家口扎根的时候，就已经被张家口人欣赏与喜爱。早期内蒙古的口蘑，大部分都先运到张家口加工，然后再分销到全国各地。后来，张家口也拥有了自己的口蘑。

传说在1958年，郭沫若视察张家口时，曾经陶醉于这种大白蘑菇的鲜美，并为此赋诗一首："口蘑之名满天下，不知缘何叫'口蘑'？原来产在张家口，口上蘑菇好且多。"

口蘑除了鲜美以外，还有其独特的营养价值。

抗　癌 口蘑中含有丰富的硒元素，可以促进免疫系统发挥作用，提高自然防御细胞的活力，并抗击各种病毒。

抗氧化 口蘑中含有一种叫麦硫因的氨基酸抗氧化剂，而且它的含量是鸡肝中所含麦硫因的四倍、麦芽的12倍，而麦芽和鸡肝一向被认为是获得抗氧化剂麦硫因的主要食物来源。

减　肥 口蘑无脂肪，营养多且热量少，是天然的减肥食品。

预防骨质疏松 口蘑中含有丰富的维生素D，可以有效提高钙离子的吸收度，从而更好地预防骨质疏松。

② 相似的美味，在流转中相遇

食物漂洋过海而来，在某处汇聚。人的迁徙更是给食物带来巨大变数。

深圳是中国最年轻的城市。新移民们带着不同的习俗在此相遇，当家乡口音逐渐消失，地方饮食风味之间的边界也开始模糊起来。

有人说，深圳是一个没有乡愁的城市，但这座新城也有着古老的原住民。

下沙村村民在举行祭祖仪式的同时，也在准备祭祀后的宴席。近五千公斤的食材从采购到烹饪，绝非易事，得依赖全族人的团结协作。在某个大型厨房里，有将近三十个村民投入了烹饪行动，各家分工，清洗、切配，十几种食材的加工与制作同步进行。

盆菜，是将众多食物分
开烹饪，再汇聚成一
盆，味道相互渗透 ■

门鳝、鱿鱼、支竹、萝卜、生蚝，各类食材都在紧张制
作中。将清淡的萝卜铺于底层，口味浓重的海鲜、肉类逐层
而上，既尊重几何原理，又符合美食逻辑。

每张桌上虽然只摆了一盆菜，却满载你中有我、我中有
你的族群宗亲理念。食物和人心，此刻正为团圆而凝聚。

深圳人把下沙村村民称为原住民，但其实下沙村的村民
是八百多年前才定居于此的。大约在同一时期，他们的另一些
祖辈把南迁的终点选在了与故土有一水之隔的江南——杭州。

　　做杭州名菜西湖醋鱼时，将草鱼剖成雌雄两片，雄片下至第三刀时，在腰鳍处斩断。鱼身下入沸水，余熟后放入酱油、料酒、白糖、湿淀粉和醋，推搅成浓汁淋在鱼身上，这便是糖醋风格的杭州名菜。

　　同样是糖醋味，北方的开封则先把鲤鱼炸透。淋上用白糖、香醋、姜末和料酒勾出的流水芡，出锅后，再在鱼身上放上龙须面。

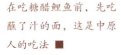
在吃糖醋鲤鱼前，先吃蘸了汁的面，这是中原人的吃法 ■

从点心方面，也能领略到开封与杭州的关联。开封灌汤包，经过多次的演变，确立了现在的形态。

包子皮用死面制作，需要经过三次贴水、三次贴面，使面皮筋韧光滑，不漏汤、不掉衣；以水和馅，使包子内部充满汤汁，同时保证口感清爽。包制时，手指飞快旋转，在几秒钟内就能包出18个褶。当然，这门技术活儿需要练习五年以上。

杭州的小笼包拷贝的是古代开封的工艺——将猪皮冻剁

细，与馅料混合，皮冻遇热就化为了汁水，这正是小笼包汤汁丰盈、口感浓郁的奥秘所在。

在杭州并不繁华的地段，还有一家不起眼的面馆。店面很小，只有七张桌子，除了每天只营业半天，每年还要固定放两个月暑假，但食客们却依然络绎不绝，丝毫没有因此抵消掉对这碗"片儿川"的热情。

每天营业结束后，颜宝福都要把店铺里的陈设里里外外擦拭一遍，这个习惯坚持了几十年，大概很少有店家会做到这一点。这种坚持，也体现在老颜对于食材的选择上。

每天清晨五点，面馆便开始了一天的忙碌。先将猪腺肉熬成猪油，添加到面汤里，可以使面保持浓香。

而笋，具有时令性，在一年四季中，总有青黄不接的时候。为了笋与人的持续相逢，老颜会跑遍杭州周边，尽可能把最合时宜的竹笋请到热气腾腾的碗里。

面好吃与否，除了猪油与笋，另一个重要的元素则是雪菜。老颜对此很是讲究。雪菜要用头茬儿菜，叶子和菜梗的比例，老颜也要亲自把关。而在汤头中短暂汆熟的面条，显然是北派面食习惯的延续。

笋片与雪菜都是江南味
道，一白一青，一鲜一
酸，紧跟时令 ■

　　无论多么惊心动魄的历史进程，落在食物上，都是不露
声色的简单。

　　对待传统，开封人有着近乎顽固的执着。新修的古城、
仿古的巡游，不仅为了吸引游客的眼球，也隐含了开封人的
骄傲。

片儿川

片儿川是杭州的汉族风味小吃，因其汤鲜、味美，在2013年荣获"中国十大名面"的称号，引发了杭州城的"杭儿风"，大家争相赶着去吃一碗由雪菜、笋片和瘦肉丝组成浇头的面，据说是因为这碗看似普通的面里，有着别样的寓意。

最初，片儿川是由杭州一家名叫"奎元馆"的小店首创的。传说在清代某年，浙江举行乡试，来杭州城赶考的考生云集，店家为招徕读生人的生意，就用倒笃菜、笋片和猪肉片制成平民化的面食，还在面里加入三个荷包蛋，取"连中三元"之意，专供清贫的学生们享用。当时有一个穷学生常来吃面，没想到在当年的乡试中一举成名，中了"解元"。放榜那天，这名学生来到店里向店主致谢，发现这家面店小而破，且没有招牌，就当场给题了"魁元馆"三个字，从此店里的生意异常火爆。后来，店家觉得"魁"字带"鬼"，看起来不太吉利，就改成"奎元馆"，并沿用至今，而它的招牌面——片儿川也名声大振，很多学生在应考前，也会前往奎元馆，吃上一碗片儿川，讨个吉利。

除了寓意吉利外，片儿川也的确很有"吃头"。看起来只是普普通通的一碗面，却有很多道工序在里头。将猪腿肉、笋切成长方形的薄片，再把雪菜切成碎末放在一旁备用。油则要用猪油，下肉片煸炒后，加入笋片和酱油，最后再下雪菜末。与此同时，另起一锅水，将面条投入沸水中煮熟后捞出，迅速控水，并放进炒浇头的锅里略煮，加入高汤、浇上猪肉浇头后起锅。其特点是汤浓、面滑，肉片鲜嫩而笋菜爽口，成为杭州人民最喜爱的日常小吃之一。

一种食物，两个故乡

如果说，近千年前开封的"坊市"结构确立了城市的雏形，那么上海则为我们提供了一个现代城市的标本。这座城市的口味与它的历史身份一样复杂。精致、时髦，又充满市井气息。

一百多年前，上海开埠，西餐连同西方文化强势进入，一度成为"摩登时代"的高雅象征。但上海人从来都有办法缩短与食物的距离。周永乐在国外生活多年，见识过欧美餐

罗宋汤、炸猪排最终被同化为上海人自己的味道 ■

饮的不同流派，但在心里，最令他怀念的，仍然是儿时的上海式西餐。

做炸猪排时，他坚持用肉锤反复拍打猪排，使其肉质变得松软，而拍松后的肉排还要过三关：浸蛋液、裹面粉，如此反复三遍；最后，在浸完蛋液后，再裹上长颗粒的面包糠入锅炸制。周永乐认为，只有这样，炸出来的猪排才不会渗入太多油分，且能保持口感上的外脆里嫩。

吃上海炸猪排时，一定要配辣酱油，那种酸甜带辛的味道，能有效中和猪排的油腻感。辣酱油，其实是英国舶来

喼汁，是广式茶点春卷和牛肉球的标配 ■

品，是一种可以迅速调制的料汁。在广东，则有一种非常相似的调味品——豉汁。

而中式酱油，则是发酵工艺的产物。先要将大豆洗净煮熟，再撒上米曲霉菌种帮助发酵，然后装入大型竹匾中，等待其水分挥发，最后加入粗盐，进行封缸。在阳光和雨露的滋养下，需要历时半年，才能制成品相完美的酱油。

一些人在外滩的西餐厅怀念着老上海的风情，另一些人则远赴千里之外寻访第二故乡。

1966年时，董翠华16岁，刚刚中学毕业。那是她第一次踏上西去的列车。同一年，有十万上海青年奔赴新疆从事农业生产。如今想起来，在新疆的那些年，是她一生中最值得回忆的时光，在那里成长，也在那里发光。

新疆，地处中国的最西端，有着最久远的食物传播史，同时，世界各地的食材和香料也在此汇集。

哈米提的家人开始准备午餐。将羊肉清炖，再放入擀制的面条，这种肉类与面食的组合，叫"纳仁"。一份上佳的纳仁，一定要在最后撒上洋葱。自传入之日起，洋葱就深受当地人的喜爱，并有了"皮牙子"的昵称。

　　如今，大航海时代引入的物种也传播到了这里，成就了戈壁滩上最大面积的辣椒种植基地。

　　而不同地域的食材，为一种叫"大盘鸡"的美食的诞生提供了充足条件。将糖炒至焦黄，加入青红椒块和鸡块，再

依次加入川味中标志性的辣椒和甘肃人钟爱的土豆块，这种先炒后炖的中原做法，让肉和菜相互浸润。鲜美的鸡汤与土豆中的淀粉形成丰盈的汤汁，最后放入陕西特色的裤带面，五味俱全。

大盘鸡的不断变化融合，满足着不同籍贯劳动者的味觉需求。新疆的大盘，不仅承载着香料和食材，还见证了各族群的智慧在美食上的碰撞。

紧邻沙湾的石河子，在清代时，还只是个兵屯开垦的小村落。20世纪中叶，数以百万的人来到这里参与开发和建设，极大地丰富了这个地区的饮食风俗。

大盘鸡、烤包子、架子肉、马肠子、拉条子等新疆风味的食物，曾伴随着董翠华人生中最美好的时光 ■

　　重回新疆，董翠华花费了45小时，赶了4100公里的路。而在当年，则需要花上四天四夜。久别重逢，第二故乡在时间的作用下，已催生出无数的变化。如今，农场的沙土路已被整洁的马路取代。历史，对于旁观者是一段故事，对于亲历者却是切身的喜悦和感伤。

　　回到上海后，董翠华亲自下厨，知青的聚会自然少不了大盘鸡。美食是借口，是由头，更是他们同甘共苦的味觉记忆。

　　一种食物，连接起留下他们足迹的两个故乡。

新疆美食

　　新疆是一个多民族聚居区，有多达13个民族的同胞生活在这里，包括汉族、回族、蒙古族、满族、俄罗斯族、维吾尔族、锡伯族、哈萨克族、乌孜别克族等。因为民族众多，同时又因为地理环境的特殊性（沙漠和戈壁占新疆总面积的40%以上，常年干旱、少雨、温差大），所以，新疆拥有独特的饮食文化。

　　新疆的饮食主要以牛羊肉为主，因为其自然地理环境的限制，蔬菜品种少、产量也小。所以，新疆"以肉为食兮酪为浆"，常见美食有：

烤全羊 新疆的一大名菜，在新疆人眼中，可与北京烤鸭媲美。

烤羊肉串 风靡全国各地的一种新疆小吃。在维吾尔族语中被称为"喀瓦甫"。

馕 在古代被称为"胡饼""炉饼"，是一种发酵型面饼，不过不放碱而放少许盐，不仅味道好，还可以长时间保存而不变质。

烤包子 维吾尔族同胞喜爱的一种食品。包子皮用的是死面，四边折成方形，以羊肉丁、洋葱、羊尾巴丁油为馅儿，并撒上孜然，在馕坑里烤制而成。

拉条子 维吾尔族人称它为"兰格曼"，因为其味美与配菜丰富，被新疆各族人民所喜爱。它的配菜里加入了白菜、韭菜、辣椒、茄子、西红柿等，几乎囊括了在新疆市场上能见到的蔬菜。

手抓饭 新疆的主食之一，以羊肉为主料，配以新疆特产的黄萝卜与葡萄干，口味咸甜适中，闻起来更是清香扑鼻。在食用时，要用手指将米饭抓起后送入口中，"手抓饭"因此而得名。

④

食物里的家乡味与他乡味

在时代的浮沉中，中国人习惯用食物缩短他乡与故乡的距离。

六十多年前，国民党政权撤退到了台湾，驻军家属则被安置在眷村。

如今，在眷村的南门市场上，仍能看到各种混杂口味

眷村的味道，实则是台湾一代人的味道，故乡、他乡，在这里越来越难以辨识 ■

的食物，有四川的豆腐香肠、浙江的金华火腿和上海的桂花糕等。

不同人群的快速融合，为美食创新提供了可能，眷村牛肉面也应运而生。

在油锅中煸炒姜和葱，再放入豆豉与豆瓣酱。炒好后，把整锅料倒入牛骨汤中，成就了牛肉面的汤头。牛肉要选用带筋的牛腱心，切成大块后，放入汤里炖煮入味。炖煮后的牛腱子，因为含有高量的胶质，口感紧实弹牙。煮好后，将

其捞起来，留在一旁备用。而面，只需要在沸水中稍煮片刻即可，且一定要保持其韧性与嚼劲。

在台湾，有许多牛肉面被冠以"川味"的名号，这很容易让人联想到富饶的天府之国——四川。

自贡，是四川烹饪牛肉历史最悠久的地方。在缺少电力机械的年代，牛是最主要的动力来源。

燊海井是自贡市内唯一保留的传统井盐作坊，天车是开

时间在发挥着作用，白色结晶慢慢显现，持续加热，水落盐出 ■

采中独有的设备。这里有着两千多年的制盐史，从近千米深的地层下抽取卤水，再将卤水运送至灶房。

中国人对于大豆的转化智慧在这里同样适用。因为卤水杂质颇多，加入磨好的豆浆后，卤水中的钙离子能与豆浆中的蛋白质结合，形成固体，反复几次，直到将卤水里的杂质去净。

盐工的饭食十分粗放。不过在烧牛肉的做法上，和台湾的很神似。将豆瓣酱、干辣椒、花椒在锅中爆香，倒入事先余

红烧牛肉是传统盐工菜的代表，它最好的搭配却是米饭。自贡的传统小吃中，也没有红烧牛肉面的记载 ■

烫好的牛肉和萝卜，用小火慢煨。当然，绝不能忘记加入自己亲手制出来的盐，以此激发并调和出牛肉与萝卜的鲜甜。

定居重庆的郝治宇返乡，拖着一大箱行李走在眷村的路上。姐姐郝淑芬开了一家牛肉面馆，小郝的行李箱里带来了姐姐制作独家美食的秘密武器——花椒。父亲得知儿子回家的消息也匆匆赶来。父亲是老四川人，年少离家，一生奔波。

在"牛肉面"的名号下，每家眷村牛肉面店又有自己的独特风味。"二两面"是郝姐的独创，香料正是为它准备的。辣椒油的制作很简单，但正宗的原材料却能使成品更加香辣诱人。有了它，即便是最朴素的面条，也可以在瞬间变得回味无穷。

壳菜，是浙东沿海石浦常见的海产品。石浦地处南北洋流交汇带，这里海产品丰富，礁石上布满了壳菜。

壳菜的学名叫贻贝，其肉质鲜嫩、肥厚，全球各地的海域都有出产，也使它成为一道世界性的美食。贻贝是法式大厨的最爱，加入香料，可以提味增香；而洒入的葡萄酒，既能除腥，又能丰富贻贝在口感上的层次。不过，对于生活在石浦的张士忠老人来说，他更喜欢贻贝最简单的做法：把壳菜的肉取出，切段与丝瓜清炒。老张认为，这种做法能最大限度地保留壳菜的鲜味。

不过，采摘壳菜却是一件辛苦活儿。张士忠是一名退了休的船老大，岁月不饶人，在礁石上采摘壳菜需要充沛的体力，所以老张的收获总是很少。而且，真正肥美的壳菜还在海底。

从五月到八月，是东海的休渔期，所以年轻人很乐意潜至海底进行采摘。壳菜靠足丝固着在海底的岩石上，必须拿铁钎将其用力铲下。两人一组，一人下水，一人掌舵，需要极强的默契感。终于，年轻人带着收获和老人的心愿，回到了岸上。

合适的阳光和温度，催生出品相极佳的壳菜干

采回来的新鲜壳菜要尽快处理，用开水把贝壳煮到张开，再将肉取出，同时也要割断会影响口感的足丝，再放到夏日海边的阳光下晾晒。

在平静的生活下，老人有着一段不为人知的故事。今年，他想要完成一个心愿——去一趟台湾。那里生活着他的家人。闲时，张老爷子就会拿出台湾亲人们的照片和信件，

反复翻看、阅读。

台湾的姐夫柯秀奎打来电话，再三确认了张老爷子的行程。毕竟对于76岁的老张而言，出远门不是一件容易的事。

位于台东的富冈新村，又被称作"小石浦"，当年象山石浦的渔民随国民党军队迁居于此。在老柯位于富冈新村家里的墙上，还挂着二十多年前的老照片，上面有他的妻子和两个孙子。自从老伴去世后，老柯一直独居。过于清静的生

活，让他对妻弟老张的到来多了几分期待。

壳菜肉已经晒干，当地人称之为淡菜。张士忠出发的日子到了。

老柯在关口见到了多年未见的妻弟。当年，渔民们从渔山岛出发去台湾时，张士忠正在石浦镇上读书，没能来得及

和远去的亲人道别，从此天各一方数十年。老人们认为，此生还能相见是祖先和如意娘娘的恩德。

大嫂已经在家开始准备晚餐。除了日常的海鲜，她还特意准备了金针炖猪蹄，这道菜曾经是张士忠姐姐的拿手菜。

一家人在一起吃饭，是所有中国人最为简单、朴素的愿望，但对于有些人而言，要实现这个愿望，却要经历半个世纪的等待。

蘑菇的丰收，犒赏了草原上的何福志。

杭州的颜宝福一家享受着一年来难得的清闲——为自己做一顿美餐。

回家的日子到了，张士忠告别了台湾的亲朋好友，这次分别后，不知何时还能相见。

东方和西方，江南和塞北，人的迁徙促成了食物的相逢，食物的离合见证了人的聚散。然而，究竟是人改变了食物，还是食物改变了人？餐桌边的一蔬一饭，舌尖上的一饮一啄，总会为我们津津有味地一一道来。

牛肉面

牛肉面，据说始于清代光绪年间，是由一个名叫马保子的人创造出来的。后来，世人发明了各种牛肉面的吃法，有兰州牛肉面、襄阳牛肉面、台北牛肉面等。

在牛肉面中，最著名的是兰州牛肉面。它的特点是肉烂汤鲜、面质精细，有一清（汤清）、二白（萝卜白）、三红（辣油红）、四绿（香菜绿）、五黄（面条黄亮）的特点；面条根据粗细也分为大宽、宽、细、二细、三细、毛细、韭叶子等。

台北的牛肉面，传说是由一名四川老兵首创的，也有"一清二白三红四绿五黄"之说，不过，台北牛肉面的"一清"是指熬煮五天以上的高汤；"二白"是指白肉锅；"三红"则和兰州拉面相似，是指辣椒红；"四绿"则指青蒜、香菜等；"五黄"是指荞麦面的本色。只有这五者齐备，才可以称得上是一碗正宗的台北牛肉面。

襄阳牛肉面分为牛肉面和牛杂面两种。其特点是"一辣二麻三鲜"，选用多种中药材熬制汤头，"红白兼备"——红汤色浓味重，白汤清澈分明。

除了好吃以外，牛肉面具有以下营养价值：

牛 肉 富含氨基酸、蛋白质，其组成比接近人体需要，能提高免疫力，对术后、病后调养和生长发育尤为适宜。同时，牛肉还有补血和修复肌体组织的作用。在中医看来，牛肉具有补中益气、强健筋骨、化痰息风、滋养脾胃等功效。

面 条 脂肪、糖类与蛋白质是面条的主要营养成分。易消化、易吸收，同时还能改善贫血、平衡营养吸收与增强免疫力。

辣 椒 辣椒风味独特，除了促进食欲之外，还有改善体质、治疗冻伤及辅助治疗血管性头痛的作用。同时，辣椒富含维生素C，可以降低胆固醇、改善心血管问题。另外，它还富含较多的抗氧化物，可以抗癌及抗衰老。

相逢

一鱼两吃黄河鲤

·

姚雪垠

河南开封是历史上的一座名城，如果谈到河南饮食，应该是以开封为代表。从五代到北宋，开封成了中国的政治中心，城市繁荣，饮食行业发达，促成了肴菜的讲究。同时宫廷豪门，极力享受，也推动了饮食方面的精益求精。北宋以后，设在开封的中央政权毁灭了，在杭州建立了新的朝廷。原在开封的皇亲贵族和富豪大户，或者消灭了，或者逃到南方了，其中多数逃到杭州了。"吃的文化"，在杭州突飞猛进，而在开封却再也不能恢复了。

元朝末年，明军占领开封时，并没有经过恶战，所以开封城市没有受到严重破坏。朱元璋将他的一个儿子封到开封，称为周王。开封和周围地方长期保持比较安定的局面。但是由于它不再是全国的政治中心，也不再是国内有数的商业中心，所以开封的繁荣毕竟是有限的。虽然开封仍通一部分运河，但是像《清明上河图》中所描绘的开封面貌看不见了。在北宋时像樊楼那样的有名酒楼，而在明清之际无名氏所写的《如梦录》中却看不见了。崇祯十五年，一次大水淹了开封，连《如梦录》中所写的繁华也成了陈迹。在整个清代，开封仍不是很重要和繁华的都市。与发达的南方都市相比，开封更加相形见绌，而且也远不如四川的成都。一个地方的"吃的文化"是否发达，发达的程度如何，决定于当地的社会条件，包括它的经济发达情况和政治因素。这大概也算是一个规律。

但是开封毕竟是个有悠久历史的古城，所以也有不少传统名菜。例如开封的黄河鲤鱼，在全国就很有名，而吃法也有特色。当你在馆子中点吃黄河鲤鱼时，堂倌用拇指和食指紧捏着一条鲤鱼的脊鳍来到你的面前，那鲤鱼大约有市尺八寸或一尺长，十分活泼，意思是让你当面验看。堂倌满脸堆笑地问你想怎样吃："焦炸你老？糖醋熘你老？还是两吃，焦炸一半？糖醋熘一半？"一般吃客都喜欢一鱼两吃。当你决定之后，堂倌当着客人的面将鲤鱼向地上一摔，提起半死的鲤鱼退出，立刻送给红案师傅。一般是先吃焦炸的一半，然后吃糖醋熘的一半。最后堂倌将吃剩的鱼骨收走，过一阵端上来一盘盘丝细面，将做好的鱼骨汤向上一浇，发出响声。这叫作鱼骨焙面。细面又脆，又焦，又甜。不但色香味俱全，外加响声。比其他常吃的荤菜，如爆双脆，爆三脆，都有特点。河南菜属于北方类型，不带甜头，给人以特别清爽的感觉。铁锅蛋也是河南名菜，但我不感到特别好吃。我喜欢河南的焦炸八块，这恐怕也是大家所喜欢吃的。炸八块须要炸仔鸡，又叫拳头鸡，外加椒麻盐，又嫩，又香，外加麻辣。河南山珍中的烧猴头较有名，猴头就产在伏牛山中。总之，河南的名菜也不少，抱歉的是我非"吃家"，不能详细介绍。在几十年前，河南馆子很重视向人敬汤，每隔不久就敬上一碗汤。汤很清淡，一般是清淡的鸡汤加上味精，带有少许鱿鱼丝或海参丝，或黄瓜丝加点鸡丝，味道很美，又很清爽。现在的馆子里取消了小费，可能这敬汤的习惯也取消了。

在古老的北京城，不出两公里，就
可以品尝到正宗的土耳其餐、地道的西
班牙海鲜饭或是原汁原味的法国大餐。
人们与来自全球各地的食物交汇，口味
也日益和世界趋同。然而，总有一些未
被发现的食物，那就是我们要发现和寻
找的秘境。

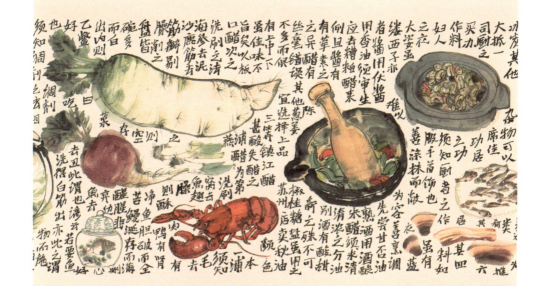

6. 秘 境

第六章

① 华子鱼和沙蟹汁：缓求与急取中的智慧

内蒙古达里诺尔的初冬，气温降到零下30摄氏度。冬捕队队长贺登鹏带着队友们在湖心选好破冰地点，他们的行动在这一刻至关重要。

贺登鹏的脚下是一个苏打型半碱水湖，这里生长着一种对环境极为挑剔的鱼——瓦氏雅罗鱼，当地人称之为华子鱼。华子鱼生长极为缓慢，长了四年，体重仅达200克，而500克重的华子鱼已经是湖中极品。

贺东鹏们撑开长达800米的大网，网在冰面下潜行六个小时之后，渔民们有了第一次收获——将近三万公斤的鲜鱼。为了保持湖鱼的种群数量，渔民们约定，每年冬捕不会超过30万公斤。

　　刚刚出水的华子鱼，清蒸能最大限度地保持它鲜醇的原味；做成酸辣口味，在高寒的草原隆冬则格外开胃醒神；油煎也不复杂，只需稍加炝盐，再用微火煎三五分钟，鲜鱼们就带着焦香出锅了。渔民们享受着自己的收获，这是对他们半年多前辛苦付出的回报。

华子鱼的农家做法很质朴，用柴锅炖烧，味道更加浓郁鲜香 ■

　　故事还要从七个月前说起。五月，达里诺尔湖刚刚苏醒。淡水河的水温达到八摄氏度，华子鱼就要从达里诺尔湖湖口出发，沿河道逆流而上。

　　整整一个冬季没有进食的鱼群，在逆流之中前途未卜。几十公里的水路上，危机四伏。早早等待的鸥鸟，因为鱼群的洄游迎来了一场盛宴。华子鱼可以帮助它们补充能量、完成迁徙，最终到达西伯利亚。在集中洄游的一周之内，超过40万条鱼会成为鸟类的食物。

逆流，让华子鱼的前行越发艰难，却能刺激它们的性腺发育成熟，加速鱼卵的孕育。这是一场优胜劣汰的竞争，只有最强壮的鱼才能到达产卵地。这个时节的华子鱼伸手可得，但渔民不会在这时捕捞。

　　在通向达里诺尔湖的四条河道中，渔民们忙碌了起来。他们在河道上游扎下竹桩，铺设起长达两千米的羊胡草把，以帮助华子鱼顺利产卵。

　　夜晚，天敌退去，华子鱼加快了速度。它们必须找到合适的产房，这在生态退化、水草稀少的河道中，并不是一件容易的事。而渔民们铺设的羊胡草把正是温暖的产床，没有它们，鱼卵会因为缺少附着而失去生存机会。

　　不久以后，完成繁衍的华子鱼返回了大湖。十天以后，孵化出的小鱼也会像父母一样，游回达里诺尔湖。

　　草原秘境之中，人和鱼类共同努力，找到了维持平衡的生存之道。

　　从内蒙古达里诺尔湖向南4000公里，就到了广西北海——中国大陆海岸线的最南端。北海是中国海上丝绸之路的始发港之一。多地文化的融合，使北海在饮食上呈现出两广和东南亚风格的奇妙并存。沙蟹汁，又让它区别于任何一个地方。

沙蟹靠吸取沙里的海水和藻类获得养分，简单易得的食谱让它们在地球上繁衍了亿万年。可以说，它们是生物进化留给渔民的礼物。

青山头村是北海的一个小村子，也是周君梦的家乡。周君梦在四川读大学，每年暑假，她都要回到祖父母身边。君梦在海边长大，小时候常常跟爷爷织渔网，跟奶奶出海。每次出海，她们都会带上小桶、小兜之类的东西，奶奶挖沙虫，君梦就在旁边抓沙蟹玩。

沙蟹行动敏捷，体长只有两厘米左右，爬行速度却可以达到每秒钟1.6米。然而，食物的链条总是环环相扣。

在落潮的海滩上，沙蟹享受着晚餐，营建起属于它们的秘境。因此，白天并不是捕捉沙蟹的最好时候，人们要等待

沙蟹逃得快，人的手更快。海滩上，人与沙蟹的竞赛从未停止 ■

一个合适的夜晚。而在立秋过后，大潮退去的夜晚，正是捕捉沙蟹的好时机。

沙蟹汁的做法并不复杂。先将沙蟹反复清洗，仔细去除内脏，再在陶臼中杵碎，加盐和少量白酒即可。刚做好的沙蟹汁腥味较重，这是因为鱼油氧化的原因所致。

要获得最佳口感，发酵才是重要环节。微生物产生的蛋白酶把沙蟹中的蛋白质水解，得到小分子的多肽和游离的氨基酸。一个月之后，沙蟹汁醇厚鲜香，味道最好。几乎没有肉的沙蟹，就这样被想象力打造成神奇的调味料。

在当地人看来，沙蟹汁和盐、酱油一样，都是必不可少

的调味料。而且，沙蟹汁也可以单独作为下饭菜来食用。

　　豇豆是沙蟹汁最常见的搭配。中火焖炖十分钟，豆角的清甜中无端跳脱出几分野性，让人胃口大开。粤菜中标志性的白切鸡，慢火煮浸，熟至八九成。蘸少许沙蟹汁进食，也是别有一番风味。

　　在君梦的记忆里，沙蟹汁是她认识其他食物的媒介，她会记住某一样东西蘸沙蟹汁更好吃，而某一样东西则不行，因为蘸过之后味道反而被破坏了。

　　一小碟沙蟹汁，让渔家人的生活多了一些滋味，这是亿万年秘境里酿造出的奇迹。

华子鱼

　　华子鱼，学名为瓦氏雅罗鱼，产于克什克腾旗的达里诺尔湖——内蒙古第二大内陆湖。此湖水中含有一定的碱，水质独特，除了鲫鱼和华子鱼以外，其他鱼类很难存活。

　　华子鱼的个头不大，最长的大约37厘米，重约一斤到一斤半。体型偏长偏扁，腹部浑圆，衬得眼睛特别大。背部呈灰褐色，腹部则为银白色，鳞片基部有明显的放射线纹，后端呈灰色。性成熟的雄鱼在吻部、上下颌、眼部周围及胸鳍内侧有显著的白色珠星。

　　华子鱼不是冷水鱼类，喜欢栖息于水流较缓、水质澄清的江河口或山涧的支流，在完全静止的水里则较为少见。它们喜欢集体出动，会在夏季的傍晚浮出水面，且有洄游的规律。在江河刚刚解冻的时候，它们成群结队地进行洄游产卵。

　　华子鱼大约三年以上才能达到性成熟，并选择在四至八摄氏度的水里产卵。它们会把卵产在沙砾或其他的附着物上，每次的怀卵量大约一万粒。产卵以后再进入湖岸河边肥育，等到冬季来临之前，再游回深水区过冬。

　　华子鱼是杂食性鱼类，主要以植物的茎叶或碎屑为生，也吃昆虫和小型鱼类。除了达里诺尔湖以外，在黑龙江流域的各水系、黄河下游、内蒙古滦河和岱海等江河中也有它们的踪迹。

　　华子鱼鳞细肉美，适合煎、炖、炸、烹等各种做法，且味道十分鲜美。传说当年康熙大帝幸临草原，从达里诺尔湖捕到了华子鱼后，命随行的御厨加入草原上独有的白蘑，连同山花椒一起烹制，味道之鲜美令康熙胃口大开。回到京城以后，康熙仍然对华子鱼念念不忘，之后又多次派人来捕华子鱼，并快马送入京城，以解口腹之念。

②

在寻觅与坚守中获取美味

我们的祖先善于在自然中寻觅滋味，用以装点自己的美食。

汛期的莫尔格勒河一片汪洋，有一种植物却花开正旺。呼伦贝尔草原总面积近十万平方公里，潮湿平缓的向阳坡地，最适合野韭菜生长。

西吉乐家有9000亩草场，4000只羊。之所以要把羊群早早赶回家里，是因为她在等待一次重逢。表妹其布日正从100公里外赶来，草原地广人稀，人们难得碰面。野韭花每年为她们创造一次相聚的机会。

野韭菜开花只有一个星期，但是牧民们有一种传统方法，可以把它的清香贮存起来，享用一年。韭花中有许多含硫化合物，这种物质是辛辣味道的来源。碾碎并破坏韭花细

胞，让含硫化合物渐次释放。单调的自然环境，酿造出草原
上味道最为丰富的调味品——野韭花酱。

　　夏季的放牧即将结束，转场前，牧民们照例有一次聚
会。肉食是草原民族食谱的主角，游牧的传统滋生出粗犷的
烹调，地道的手把羊肉在烹煮过程不加任何作料，块大量
足，用大灶旺火烹制40分钟即可出锅。不过，如果没有韭花
酱，再鲜香的手把肉也会失色。而且，羊肉加韭花酱这种古
老的草原食风，即便到了北京城里的涮肉桌上，也不变其
宗。虽然调料有十几种，但是韭菜花的地位始终难以撼动。

　　或许是食谱中丰富的优质蛋白，使草原民族的体魄更为
强健。如今，牧民的生活已由游牧转为定居，但每年一度的
那达慕大会上，他们又重现当年的剽悍。

　　长城绵延5000公里，曾经是游牧和农耕民族的分界线。
吃羊肉的传统，在长城以北和西部地区有着久远的历史。

塔克拉玛干是地球上离海洋最远的沙漠，也是中国的干极。亚曼拜克村是离这片沙漠最近的村庄，村民吾布力卡斯木·巴拉提在准备一场沙漠盛宴。

羊肚是天然的烹调器皿，浸透作料的羊肉放入其中，既不会渗漏，又富有足够的弹性。这种用动物的胃包裹食物并进行烹饪的方式并不鲜见，但这里的做法最为独特。

炭火是沙漠烹调的关键。炭火下面的沙地温度超过180摄氏度，这是最天然的烤炉，能让食物受热均匀。羊肉在烤制时的变化无法目测，完全凭借经验。大约在两百万年前，人类学会了用火燎烤生肉。科学家认为，是熟食造就了今天的我们。

"鱼"和"羊"组成汉字里的"鲜"字，这是中国人对味道至高无上的评价。中国大部分地区都有烹饪羊肉的传统，各方水土也造就了羊肉风味上的差异。而北方的烹饪最

四个小时后，炭火释放出羊肉的鲜味，焦香扑面。肥肉的油腻已经被火烤得香酥，瘦肉劲道弹牙，肥瘦相宜，肉嫩汁多 ■

为简单，这种对羊肉之鲜恰到好处的呈现，也暗含了他们对食材的自信。

黄河冲出贺兰山，塑造了宁夏平原。几乎所有中国的美食家都认为这里的羊肉质地最佳。

经过近两个小时的文火炖煮后，羊肉的肌肉纤维软化，饱含水分。此时的羊肉不腻不膻，丰盈鲜美。盐作为强电解质，会破坏羊肉的细胞膜，使肉质中的水分渗出，从而失去弹性，使口感变老。因此，在装盘之前，盐才会登场，这样一来，既能增加口味又不影响熟肉口感，双倍提鲜。

冷手抓是另一种特色吃法，羊脖肉经过煮熟后自然冷却，别有一种清爽的口感。

美食依赖于环境的支撑。人的需求，曾让宁夏山地间羊的数量远超植被的再生能力，快速沙化的地表变得无比脆弱，迫近的荒漠让人在美食与环境间寻找新的平衡。

在宁夏吴忠，羊的呼唤像钟表一样准时，忙碌的一天从草料开始。马阿舍和丈夫喂养着两千多头羊，他们每天要工作12个小时。一年四季从来如此，一顿都不能少。只要人休息一天，羊就会挨饿。

宁夏，地处中国风沙线边缘。为了保护生态，大规模放牧已经被禁止。想要让羊肉的风味存续，人们必须付出心智和劳力，复制出一个最接近自然的饲养环境。

玉米秸秆和苜蓿粉碎、发酵而制成的青贮饲料，能够最大限度地接近天然草料的营养成分，日益成为羊群的主食。

回族姑娘马阿舍曾经是阿拉伯语学校的优等生，六年前，她与杨国伟相遇，嫁到了干旱贫瘠的海原。没结婚之前，马阿舍曾经制订过完美的规划，例如，留学回来当一名高级老师。但是，婚后的生活让她认识到，其实，找一个好老公，踏踏实实过日子，也是一种福气。

　　如今，马阿舍已是两个孩子的母亲。为了建立一个梦
想中的家，四个月前，她和丈夫来到了养殖场。打工虽然辛
苦，但能保障一年有四万多元的收入。每天辛勤劳作，为食
客带来鲜美的羊肉，而饲养者的生活却极尽简朴。

　　中国人善于在平淡的生活中创造出美食，美食也是人们
超越困境的心灵慰藉，在极端环境中更是如此。

洋芋擦擦是孩子们的最
爱 ■

　　在塔克拉玛干南缘，年平均降雨量只有15.6毫米，是极
为典型的大陆荒漠气候。小麦比任何一种禾本植物都更能适
应这里的生态环境，就像这里的沙漠居民，总能在极端条件
下获取生存的能量。尽管流沙对村庄和土地的侵蚀从未停
止，但他们世代坚守。

　　馕在人类的食谱中已经存在了两千多年。在荒漠中，馕
耐腐蚀、抗干燥，保存几个月都不会变质，是人们用食物应
对极端环境的典范。

　　做馕的面粉先要经过发酵，再揉成面坯，透气孔可以防止烤制时鼓胀变形，洋葱碎和芝麻的加入让馕的香味更加迷人。

　　馕坑壁已经达到了180摄氏度。面粉中的糖，在高温下发生脱水与降解，为馕染上焦糖色，浓郁的麦香也由此而来。馕从生到熟只需十分钟，但是其制作传统已经跨越了上千年。

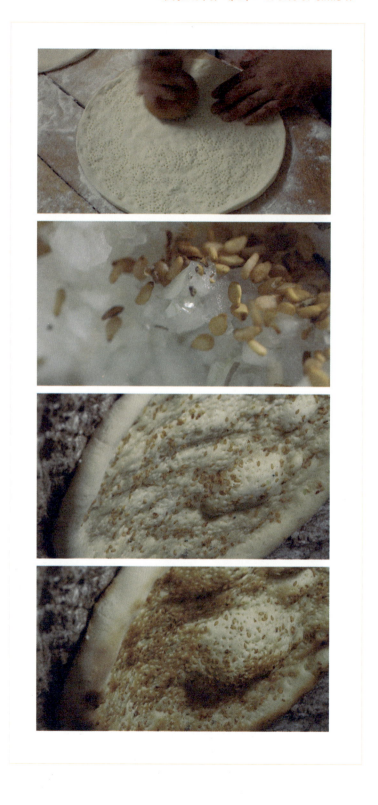

韭菜与韭菜花

我们的祖先很早就懂得品尝韭菜的美味了，据资料考证，春秋时期，人们就开始食用韭菜了。那时，人们在春天用小羊和新鲜的韭菜祭祀司寒之神。

在韭菜的家族里，最好吃的是春韭，"夜雨剪春韭，新炊间黄粱"，这是诗人得见故友的欣喜；"头刀韭，谢花藕，新娶的媳妇，黄瓜妞"，这是田间地头长出的智慧。而这两者追求的，都是一个踩着时令节拍而来的"鲜"字。

除了懂得吃韭菜，我们的祖先还懂得美味的转化。韭菜花又称韭花，是秋天韭白上开出来的白色花簇。古人称韭花为菁（韭之华），腌出来的韭花叫菁菹。

腌制韭花很有讲究，只能用花和嫩籽的部分，老的韭薹和变黑的籽儿不能用。腌好了之后，不能立马吃，而要放到阴凉或者偏冷的地方存上七八天，这样处理之后的韭菜花酱才格外美味。加辣椒磨制似乎也是古法，元人耶律楚材在《鹿尾》一诗写道："韭菜酷辣同葱薤，芥屑差辛类桂姜。"如果不加辣椒，想必不会出现"酷辣"的效果。

汪曾祺先生曾写过一篇《韭菜花》，提到五代时一位叫杨凝式的书法家。有一天，杨凝式收到朋友赠的韭菜花，味道极鲜美，兴致一来，就给友人回了一封"韭花帖"表示感谢，不但字写得好，文章也极有风致，其中有一句："当一叶报秋之初，乃韭花逞味之始。"

如今吃韭花，多在吃涮肥牛和涮羊肉时，而人们吃火锅又常常在秋冬之际，可见杨凝式说得有几分道理。一小碟或小碗，盛上芝麻酱、蒜泥、豆腐乳，再加上韭花进行调制，才能感觉到味道恰如其分，食欲大增。吃在嘴里，刺激的咸辣味和着清香的韭花味、微微的酱香味和香油味交汇在一起，着实美味。

③

生于时间、留于空间的美味

坚守在秘境中的，还有一种两亿五千万年前出现在地球上的小生命。

阿佤山位于云南沧源，横跨中缅边境，北回归线在此地穿越原始季风林。

对李晓七和姑姑阿秀来说，七月是最忙碌的时节。茶园支撑着他们一年的生计。茶园的背后，是茂密的原始森林。

森林之中有一种特殊的白蚁，这种白蚁是大白蚁亚科的一个分支。工蚁吞下树叶和杂草，并将它排出体外，形成半消化的草料。它们在草料中植入一种真菌孢子，使草料发酵，变得酥松可口。白蚁对食物发酵技术的掌握，比人类的出现还早了3200万年。孢子形成直径只有几微米的菌丝，但碰上合适的温度和湿度，就能让它生长出粗壮的子实体。

鸡枞，含有天冬氨酸和谷氨酸，加盐烹炒能形成最天然的味素——这也是鸡枞鲜味的由来 ■

这种子实体就是鸡枞，可以说是白蚁培植的极品美味。不少美食家认为，鸡枞在食用菌里独具一格。

又到了采集鸡枞的时候，晓七和阿秀已经等了整整一年。阿秀熟记三百多个鸡枞的生长地点。同一个蚁窝，每年就出一次菌子，它们属于最早见到的人。

此时本是生长最旺盛的时节，但林中的鸡枞并没有出现，晓七心情沮丧，姑姑却并不担心。作为村里最熟悉鸡枞的人，她知道希望还在。

一旦挖深了，白蚁窝就散了，第二年这个地方就不会出鸡枞了 ■

阿秀每一次挖寻鸡枞的时候，都不用把蚁巢挖深。挖完之后，她还会仔细掩盖，防止再被别人发现，这么做也是为了保护蚁巢。人们小心地遵循着秘境中的自然法则。中缅边境的热带雨林中，好像什么也没有发生过。

中国有着漫长的国境线，与14个国家接壤，无数人行走在疆域边缘，寻找秘境中的美食。姜贞淑和老伴沈范极正跋涉

在位于中朝边境的长白山上，他们要去采集一种古老的植物。

15公里的山路，对七十多岁的老人们来说，是一个挑战。他们要寻找的，正是这些刚发芽的蕨菜。在长白山区，适合采集蕨菜的时间不超过30天。姜贞淑年轻时独自上山，每次都要背回20公斤的蕨菜。

蕨菜在中国分布广泛，但不管什么做法，都多多少少会留有一丝挥之不去的苦涩。中国饮食文化里所谓的"清新爽口"，也常常伴随着这种令人清醒的愉悦。4000公里外的云南建水，蕨菜的烹调简单到只用水焯。

蕨菜中含有的原蕨苷对人类健康有伤害，水焯则能去除部分有害成分。揉制、挤压出水分，同时折断表皮中的粗纤维，会使蕨菜口感更加脆韧。繁复的加工方法，是秘境中的朝鲜族人对人类采集食谱的贡献。

脱水后的蕨菜易于长时间保存。姜贞淑儿孙满堂，但没有一个孩子留在身边。每年，老人都要把蕨菜干捎给远方的儿女。

人类为了留住美妙食味，一直在寻求最有效的贮藏方法。

秘境中的佤山人，找到了留藏鸡枞鲜味的诀窍。阿秀要趁菌子新鲜时熬制鸡枞油，先加热，让鸡枞释放出水分，再用文火焙干。植物油是保全鲜味的关键，油温不断升高时，鸡枞的鲜香就迁移到热油中。三个小时以后，鸡枞油浓烈美艳，自然冷却以后，可以保存两年。

空间的阻隔让秘境留存，秘境也留住了奇绝的美食。

神奇的蕨菜

蕨菜是一种常见的野菜，肉质肥厚，细脆滑嫩，称为"吉祥菜""龙头菜"，也有"山菜之珍"的美称。我国的劳动人民在很早的时候就懂得享受这种来自山野的美味了。

司马迁在《史记·伯夷列传》上记载："武王已平殷乱，天下宗周，而伯夷、叔齐耻之，义不食周粟，隐于首阳山，采薇而食之。"伯夷、叔齐采薇而食，这里的"薇"就是蕨菜。明代有一位学者罗永恭，也写过一首赞美蕨菜的诗："堆盘炊熟紫玛瑙，入口嚼碎明琉璃。溶溶漾漾甘如饴，但觉馁腹回春熙。"

除了诗词文赋，民间也流传着不少关于蕨菜的传说，其中最著名的一个就是铁拐李用蕨菜救人的故事。

铁拐李的本名叫李玄，相传他是拜太上老君而得道成仙。不巧的是，他神游的时候，肉身误被徒弟火化，以至于游魂无所归依，只好依附一个饿死的人的尸身之上，所以从此以后，他的形象就颇为不堪了：蓬头垢面，袒腹跛足，手拄铁拐。因此，就有了"铁拐李"的称号。

有一天，他漫无目的地闲逛到了深山老林里。从一个破茅屋前经过时，听到里面有人在不停地呻吟，于是，他打开门一探究竟。原来，呻吟的人是一位年事已高的土郎中。郎中打算到深山里来采药，没想到在途中旧病复发。这病犯的时候，五脏虚损、气滞经络、筋骨间充盈毒气，痛不可当。为了医好自己，他曾多方求药，可是没有任何成效。每年春天的时候，这病必定复发，日日年年，他受尽煎熬，却毫无应对之策。铁拐李听完他的描述后，随手在草地上采摘了一些野蕨嫩芽，嘱咐他按时服食。土郎中见他不过是一个潦倒的跛足汉子，指给自己的良方又是随处可见的野蕨菜，对铁拐李的建议颇为怀疑。正在困惑未解之际，跛足之人消失得杳杳无影。于是，他抱着尝试的态度吃下了蕨菜，没想到果然灵验。后来，他才知道，给他这野蕨菜的，竟然是八仙之一——铁拐李。

④

在流变中不变的美味

中国拥有六千多座500平方米以上的海岛，潜藏着许多不为人知的海上秘境。万山岛面积为八平方公里，只有百余户人家。由于靠近珠江口，咸水与淡水在这里交汇，附近的水产也极为丰饶。

张北根夫妇从小生活在这里，他们深知海鲜风味的奥妙。新鲜鱼虾在晾晒过程中释放肌苷酸盐，鱼肉和虾肉又富含谷氨酸盐，晾晒脱水后，二者的奇妙交汇能产生浓厚的鲜味。而且，不需要复杂的烹饪，只消清蒸十分钟，便能彻底唤醒它们浓缩的鲜甜。

当张北根夫妇又一次在珠江口出渔时，台风迫近了，但是他们舍不得返回，因为盼望中的渔获还没有出现。

石斑鱼，肉质细嫩紧致，被认为是最美味的海鱼之一。清蒸，才能体现它鲜甜的本味 ■

石斑鱼藏身在水平面十米以下的礁石缝隙中，难以用网捕捞，只能手钓。仅凭一丝钓线，灵敏的手指就能探知水下任何细微的动静。不过，往往上钩的只有小鱼。

此时，本来是石斑鱼最好钓的时候，但是今年反常的天气带来了一场又一场台风，打乱了季节性，以至于难以寻见石斑鱼的踪迹。

台风初歇，张北根夫妇决定到更远的海区碰碰运气。凭借山石的错叠就能判断出石斑鱼的藏身之地，在这万山岛上，没有人比张北根更了解这个秘密。浪涌不大的早晨，石斑鱼会出洞觅食。凭借一枚弯钩，张北根曾经钓到过30公斤重的石斑鱼。

风浪渐起，眼看夫妻俩又没有什么收获，然而，幸运又一次降临了，张北根捕到了今年的第一条石斑鱼，尽管不到五公斤，却预示着好的开端。

从前，猎鱼是一家人的生计。现在，出海是夫妇俩的乐趣。儿女们都已在城市安家立业，也想把父母接到身边，然而张北根不想成为孩子们的负担，他更难以割舍这片自由的海上秘境。

　　繁华都市里，也有不为人知的秘境。露天的滚油旺火、深灶铁锅，烹炒出浓香四溢的街头料理。

　　在繁华香港的中环摩天楼下，隐藏着即将消逝的大排档。在这个快节奏的城市中忙碌了一天之后，人们喜欢坐在大排档里品尝美食、喝酒聊天，借此释放压力。

　　阿昌家的大排档，20年前就已经开在深水埗。城市发展提速后，大排档渐次被取缔，他们搬进了路边的店面。阿昌和兄弟姐妹从小就住在店里，他们和小店一同长大。

从父辈们手里开始，阿昌家的店就独沽一味，一灶云吞面做了60年。来店里吃饭的，很多是几十年的老顾客。鲜虾云吞、手工竹升面，牛筋软糯、虾子清鲜，厚实的味道深深刻进这片社区斑驳的岁月里。顽强的味觉记忆召唤人们，一路追随。

父亲刘庭森已经80岁，每晚都会准时到店门前坐上一阵儿，这是老人最享受的时光。年轻的时候，老人先是在街口摆了一个车仔档，后来转到现在的位置，开了一家大排档；自从1993年大排档被取缔以后，他就搬进了现在的店面。可以说，老人一生都没有离开这个街口，正如阿昌家的云吞面自始至终都没有改变最初的味道一样。

和面要用新鲜鸭蛋，不加一滴水，保证面条爽滑弹牙；再用竹升压打，使面软硬适中、韧劲十足 ■

送走最后一拨客人已是午夜两点。食肆打烊，为城市繁忙的一天画上句号。60年前，八百多家大排档曾遍布全港，到今天只剩下28家。

宁夏吴忠，马阿舍和丈夫每天计算着回家的时间，而在这里的生活才刚刚开始。

新疆和田，吾布力卡斯木要把今年的新麦收回谷仓。

呼伦贝尔草原，其布日做的韭花酱，全家人可以吃到来年春天。

地球村形成的速度不断加快，没有人能够阻挡。然而，只要保持对某种味道的迷恋和期待，以及与之密不可分的生活信念，它就一定会守护一个个不可复制的部落。

•

独具特色的香港大排档

•

所谓"民以食为天"，一个城市的饮食习惯往往可以折射出这个城市内在的精神气质。例如，遍布全港的大排档就是香港这座国际化大都市日常生活的生动写照。

20世纪40年代，大排档才在香港诞生。不久，大排档就得到了飞速发展的机会。因为那时二战刚过，香港百废待兴。战争期间又有不少难民涌入，导致就业问题日益严峻。为了鼓励市民们自主创业、养活自己，香港政府发出了大量个体营业执照，如流动小贩、报摊、熟食摊等，创造就业机会。在政府的推动下，越来越多的人开始经营大排档，到1960年的时候，大排档已经进入全盛时期。

20世纪70年代，香港经济发展突飞猛进，市民们的收入也翻了几倍，对生活质量的要求也更高了。他们开始挑剔、指责大排档的卫生和噪音状况。面对压力，大排档开始进行自我更新。一部分大排档放弃了街边露天的经营方式，迁入室内，并增加了港式西餐，如煎蛋三明治、丝袜奶茶、牛油蜂蜜西多士等餐点品种。不过，原来的经营方针仍然不变，以经济实惠、份多量足为宗旨，做的还是街坊们的生意。

到了20世纪80年代，肯德基、麦当劳等西式连锁餐厅的到来又一次冲击了传统的大排档。为求生存、谋发展，大排档再一次求新求变。摒弃了原来的那种非常粗放的经营理念，转而向精细与精致化方向努力，并力求在保持传统风格的基础上做出自家风味。于是，港式大排档在外来冲击面前，再次焕发出自己的活力，并创造出更多层次的味觉体验，最终成为香港美食领域里的一朵奇葩，也成为香港旅游业的重要组成部分。

秘境

手把肉

•

汪曾祺

到了内蒙古，不吃几回手把羊肉，算是白去了一趟。

到了草原，进蒙古包做客，主人一般总要杀羊。蒙古人是非常好客的。进了蒙古包，不论识与不识，坐下来就可以吃喝。有人骑马在草原上漫游，身上只背了一只羊腿。到了一家，主人把这只羊腿解下来。客人吃喝一晚，第二天上路时，主人给客人换一只新鲜羊腿，背着。有人就这样走遍几个盟旗，回家，依然带着一只羊腿。蒙古人诚实，家里有什么，都端出来。客人醉饱，主人才高兴。你要是虚情假意地客气一番，他会生气的。这种风俗的形成，和长期的游牧生活有关。一家子住在大草原上，天苍苍，野茫茫，多见牛羊少见人，他们很盼望来一位远方的客人谈谈说说。一坐下来，先是喝奶茶，吃奶食。奶茶以砖茶熬成，加奶，加盐。这种略带咸味的奶茶香港人大概是喝不惯的，但为蒙古人所不可或缺。奶食有奶皮子、奶豆腐、奶渣子。这时候，外面已经有人动手杀羊了。

蒙古人杀羊极利索。不用什么利刃，就是一把普通的折刀就行了。一会儿的工夫，一只整羊剔剥出来了，羊皮晾在草地上，羊肉已经进了锅。杀了羊，草地上连一滴血都不沾。羊血和内脏喂狗。蒙古狗极高大凶猛，样子怕人，跑起来后爪搭至前爪之前，能追吉普车！

手把羊肉就是白煮的带骨头的大块羊肉。一手攥着，一手用蒙古刀切割着吃。没有什么调料，只有一碗盐水，可以蘸蘸。这样的吃法，要有一点儿技巧。蒙古人能把一块肉搜剔得非常干净，吃完，只剩下一块雪白的骨头，连一丝肉都留不下。咱们吃了，总要留下一些筋头巴脑。蒙古人一看就知道：这不是一个牧民。

吃完手把肉，有时也用羊肉汤煮一点挂面。蒙古人不大吃粮食，他们早午喝奶茶时吃一把炒米——黄米炒熟了，晚饭有时吃挂面。蒙古人买挂面不是论斤，而是一车一车地买。蒙古人搬家——转移牧场，总有几辆勒勒车——牛车。牛车上有的装的是毛毯被褥，有一车装的是整车的挂面。蒙古人有时也吃烙饼，牛奶和的，放一点发酵粉，极香软。

我们在达茂旗吃了一次"羊贝子"，羊贝子即全羊。这是招待贵客才设的。整的羊，在水里煮四十五分钟就上来了。吃羊贝子有一套规矩。全羊趴在一个大盘子里，羊蹄剁掉了，羊头切下来放在羊的颈部，先得由最尊贵的客人，用刀子切下两条一定部位的肉，斜十字搭在羊的脊背上，然后，羊头撤去，其他客人才能拿起刀来各选自己爱吃的部位片切了吃。我们同去的人中有的对羊贝子不敢领教。因为整只的羊才煮四十五分钟，有的地方一刀切下去，会沁出血来。本人则是"照吃不误"。好吃吗？好吃极了！鲜嫩无比，人间至味。蒙古人认为羊肉煮老了不好吃，也不好消化；带一点生，没有关系。

我在新疆吃过哈萨克族的手把肉，肉块切得较小，和面条同煮，吃时用右手抓了羊肉和面条同时入口，风味与内蒙古的不同。

中国人吃早饭的习惯始于两千多年前的汉代。此后，华夏大部分地区都实行早、午、晚三餐制，这种饮食习惯，不仅有利于生活，也有利于生产。

第七章

7. 三　餐

三餐

①

在随性中享受早餐的精致与丰美

清晨六点的青海巴塘草原，丈夫和孩子外出放牧了，吾金卓玛则为全家准备酥油茶和糌粑。简单的食物能为一家人提供充饥御寒的能量，这是一个藏族家庭的早餐。

作为现代城市人，天津人最懂得早餐的首要需求就是简单快捷。绿豆面儿展开一个美妙的圆形，薄匀不破；摊上一层薄薄的鸡蛋液，保证早餐所需的营养；馃箅儿，以馄饨皮油炸而成，金黄酥脆，包裹进饼皮儿，就是传统天津风味——煎饼馃子。外柔内脆、咸香兼备，享受它，只需要两分钟。

苏州人的早晨则是由一碗苏州面开始的。苏州面的味道主要来自于汤，清而不腻。细面是苏式面的精髓，装进碗里，不拖水，不泼汤。而夏季大肉面的浇头，则是一块白嫩肥美的焖肉，白糟粒粒，面汤鲜滑。

武汉人把吃早饭叫"过早"，口味偏好咸鲜。面窝、三鲜豆皮都是广受推崇的早点。然而，用碱面做的热干面最能代表这个城市的气质。将碱面用水煮熟后，拌以麻油晾干。芝麻酱必须调制得稠而不泄，这样才能均匀而全面地附着在面上。要达到这个效果，需要付出足够的腕力和持久的耐心。

早餐，是一天中补充能量的开始，不同的城市，早餐的种类也各有不同 ∎

对于重庆人秦云来说，早餐的味道至关重要。他苦心经营了18年重庆小面店，深知其中的奥秘。重庆人天天吃小面，越吃越想吃。如果早上不吃小面，他们甚至会觉得一天都不舒服。

制作重庆小面，碱是和面的关键，它能使面粉中的谷胶蛋白结成致密的网络，锁紧淀粉颗粒，使面汤不致混浊，还能让面条在嘴里产生令人愉悦的弹性。

除了当老板，秦云还收徒弟，他的学生已经超过200人。徒弟做完一碗面，会请秦云和秦云的母亲来品尝并点评。秦云认为，做面更多的是要用心。如果不用心，对作料的了解不够，只将它们摆在面上，随意地拿着勺子打，肯定是做不好面的。而各种味道的平衡，全靠做面人手上的拿捏。

重庆小面馆大都只做早市和午市，下午时间用来炒料，秦云的面馆也不例外。而且，秦云家的牛肉每天限售十公斤。

重庆小面最独特的地方，在于调料的多样性。用辣椒、红油、花椒油、酱油等12味作料搭配而成 ■

这种精明的营销方式，让面馆外每天都排起饥饿的长龙。

重庆小面的小，既代表价格低廉，也流露出重庆人随意轻巧的美食态度。

然而，不是所有早餐都以快取胜。有一个地方的早餐，享受的就是过程。

早晨七点，位于广州老城区的酒家门前站满了等候开门的人。此时，点心师傅已经忙碌了整整三个小时，一样样精致的茶点，被一双双灵巧的手赋予了生命。每个回头客都有自己心仪的座位。早茶长盛不衰，与广东近代以来贸易的兴盛有关。

三餐

56岁的陈月霞，退休后成为这里的常客。

广式茶点有干湿两种，干点最为精致。招牌虾饺，水晶饺皮包裹鲜嫩虾仁，饺皮柔韧，虾仁甜脆，糅合出鲜美的口感。统计表明，广州人早茶的平均时间通常在一小时以上。

广州是年轻人奋斗的战场。陈月霞的儿子梁景轩，今年29岁，是一位律师。同在广州，他的早晨却格外紧张，经常都来不及吃早餐。梁景轩的早餐，经常是在路上买些面包和牛奶，一边走一边吃。他始终觉得工作最重要，没工作就没法生存，生存不下来更是无法生活。

广州也是老年人生活的天堂。2013年，广州60岁以上的人口有125万，占总人口的15%，这个城市已经进入老龄化时代。这也是当今中国社会的缩影。

喝完早茶，陈月霞的主要工作就是准备晚饭。用生抽、糖、酒、醋、水五种材料焖五味鸭；新鲜的鲈鱼，最适合清蒸；西洋菜猪骨汤，去油解腻，四季皆宜。一顿精心烹制的晚餐，等待在城市里打拼了一天的儿子。一碗热汤，承载着一个广东家庭的温暖亲情。

广东早茶

    说起广东早茶的历史,要追溯到清代咸丰年间。当时,广州有一种名为"一厘馆"的馆子,门口挂着木牌,写着"茶话"二字。茶馆内的设施非常简陋,只有几张木桌凳,主要供应茶水和糕点,以供路人歇脚、谈话。后来,逐渐出现了茶居。茶居的规模渐渐扩大,就变成了茶楼。一时间,广东人去茶楼喝早茶蔚然成风。

    广东人喜欢饮茶,尤其喜欢去茶馆饮早茶。既然是早茶,茶水自然必不可少。早茶的茶水以红茶为主,可暖胃去腻,有利于消化。尽管红茶色深红,汤浓稠,味苦涩,在视觉和味觉上都不如绿茶,但与广东早茶中味道浓郁的茶点是绝佳的配搭。最常见的早茶有乌龙茶、铁观音和普洱茶,不过,也有人喜欢在普洱茶中加入菊花,这种茶被称为"菊普茶",有清凉去火的功效。

    在广东,有些人将早茶当作早餐,一家老小围坐一桌,享受团聚的美好;有些人喝完早茶,便匆匆赶去上班;还有一些人则将早茶当成是休闲时光,他们大多是已经退休的老年人,被称为"消闲一族"。这类茶客,总是来得最早,走得最晚,很多都是常客,甚至会有自己钟爱的座位。

    广东的茶馆分为早茶、午茶和夜茶三市,一般饮早茶的人最多。通常,茶楼的早市在清晨四点左右就开门迎接客人了。待茶客坐定,服务员便会前来请茶客点茶和糕点。普通的早茶,谓之"一盅二件",一盅指茶,二件指点心。广东人也把饮茶称为"叹茶",意为享受。至今,广东仍流传着"叹一盅两件"的口头禅,即享受一盅香茶和两件点心的意思。"请早茶"也逐渐成为广东人一种常见的社交方式。

    如今,经过多年的演变,广东早茶中的茶水已经成为配角,而茶点愈发精致多样。近年来,配茶的点心除了广东人爱吃的干蒸马蹄糕、糯米鸡外,还增加了许多西式糕点。

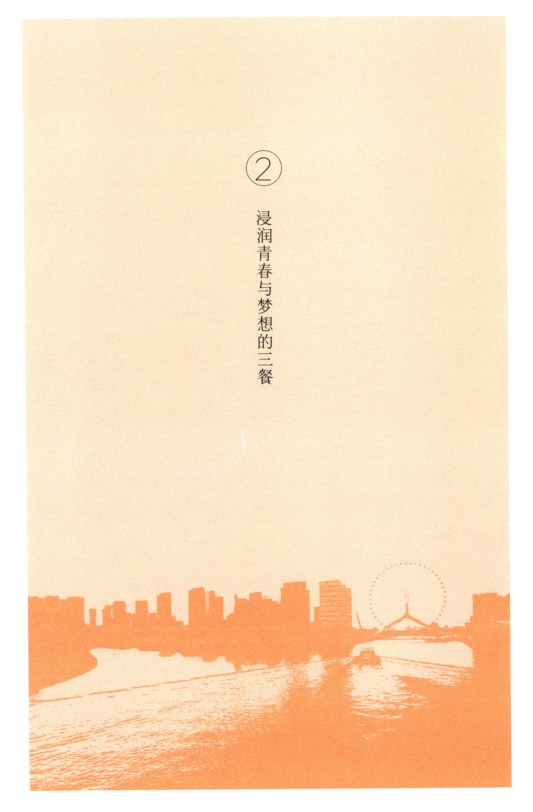

②

浸润青春与梦想的三餐

与梁景轩相比，另一些年轻人的三餐则更加单调乏味。

每天早晨七点半，16万人聚集在富士康工厂里。这里的生产主力是像杨圆圆一样的90后，他们刚从学校毕业，长时间重复、简单的劳动，对每个人来说都是挑战。

21岁的杨圆圆必须每五秒完成一次操作，每天重复5000次，约工作七个小时。园区的中央厨房，每天准备两吨鱼、三吨猪肉、十五吨蔬菜、十五吨大米，满足八万人的消耗。

和中国大多数劳动密集型产业工人一样，杨圆圆每工作两小时，休息十分钟，午饭时间一小时，她和同事们必须努力跟上这里的节奏。

湖南人徐磊也在此工作了11年，如今管理一个有两百多

简单的午餐，补充大量消耗的体力 ■

人的班组，负责制造国际品牌手机。核心生产车间对外高度保密，给庞大冰冷的工厂增添了几分神秘的色彩。

徐磊和妻子文菲的家，就在园区外密集的住宅楼群里。文菲将从家乡带来的腊鱼浸泡、水煮，去除多余的盐分和杂质，在油锅中煎至两面焦黄，再加入辣椒、蒜、姜和豆豉，用大火蒸20分钟。熟悉的味道，能将他们暂时带回遥远的故乡。

在外打拼的年轻夫妇，只能请母亲帮忙带女儿。丈夫徐磊的愿望，就是让一家人能过上幸福的日子，他们的一日三餐都浸透着青春和汗水。

腊鱼是夫妻俩都喜爱的
家乡美味 ■

　　湖南湘乡战古村是徐磊的老家。岳母赵菊香从山上取来
黄土，制作一种古老的食物——咸鸭蛋。一千四百多年前，
中国的农书中记述了这种美食的制作方法。

　　赵菊香带着一岁半的外孙女买回新鲜的鸭蛋。一公斤鸭
蛋配200克盐，盐水冷却后与黄泥搅拌，将鸭蛋没入其中。
食盐中的钠离子和氯离子透过蛋壳逐渐渗入。一个月后，盐
分渗入，水分渗出，鸭蛋固有的性状和风味发生改变。滚上
草木灰，可以保质保鲜，防止破碎。

咸鸭蛋的腌制需要一个
月。它们的迷人之处来
自于蛋黄，腌制过程中
分离出的脂肪，聚集形
成鲜香的蛋黄油 ■

很快，咸鸭蛋将把美味和思念带到800公里之外。

除了劳动密集型的制造业，深山里也有不得不选择简单生活的人。顾涛是一名电力公司职工，有二十多年巡线经验，长年在崇山峻岭里穿越。一个班组一年步行总里程超过25000公里，相当于赤道四分之三的长度。

电塔脚下，生活着凉山州的彝族人。七月底是马铃薯的收获季节，当地人把马铃薯称为洋芋。这里出产的洋芋根茎膨大，支链淀粉和干物质含量高，口感格外绵软。

在海拔2600米以上高寒山区的布拖县，出产一种马铃薯中的极品——乌洋芋。乌洋芋的种植要求高，产量少，并且皮薄质嫩，淀粉含量高。炒洋芋是最家常的一道美味，但更原生态的彝族吃法是火烤。烤熟后的洋芋香气浓郁，沙瓤酥软。

八月初，一年一度的彝族火把节来临。坨坨肉——用凉山当地被称为"乌金猪"的仔猪制作，肉嫩不柴，香而不腻。将经过火烤的猪肉切成拳头大小的块儿，用猛火煮，捞起后放作料拌匀入味。

但所有的这一切，都和顾涛无关。他和同事们第一次

爬山，很消耗体力。尽管如此，他们也只是抽根烟，喝点儿水，吃些干粮来作为补充。快速发展的中国，总有人因为生计或责任放弃享受，与美食匆匆擦肩而过。

火把节

火把节是彝族最隆重、最壮观的传统节日，自汉唐起，已沿袭一千多年，有浓郁的民族特征。在云南、贵州、四川等彝族地区，每逢农历六月二十四日或二十五日，彝族人都会盛装打扮，载歌载舞，欢度节日。

白族人也过火把节，每年农历六月二十五日，他们就会举行庆祝活动，以此预祝来年五谷丰登、人畜兴旺。每家人都会在门前竖起一支火把，村口的大火把上，还会插上红绿纸旗，上面写一些象征吉祥的话语。村民们则高举火把在田间游行一周，捕灭虫害。此外，还有"绕三灵""耍海会"以及划船、放生等一系列活动。

在古代，火把节又被称为"星回节"，俗有"星回于天而除夕"的说法。然而，关于火把节的由来，说法不一。

有一种说法是，相传天神派到凡间收取苛捐杂税的喽啰被杀后，他为了报复，便放出害虫祸害凡间。但凡间的人们毫不妥协，他们借助火把灭虫，终于在农历六月二十四日这一天，战胜了天神。于是，彝族人把这一天定为"火把节"。

还有一种说法是，相传玉皇大帝看腻了仙境，便打开天门观看人间的景致，发现天宫竟然比不上凡间，便下令烧毁凡间。掌火的红面天神领旨后来到凡间，看到一派欣欣向荣的景象，爱上凡间，不忍烧毁。在农历六月二十四日这天，红面天神用自己的心血变成小娃娃，告诉人们玉皇大帝要烧毁凡间，并让人们在门前点起火把，连烧三天三夜。就这样，在红面天神的帮助下，人们用假火瞒过了玉皇大帝，躲过了劫难。为了表示对红面天神的敬意，每到六月二十四日，人们便点起火把。久而久之，就成了现在的"火把节"。

朴实与奢华的美食清单

大别山深处，一群少年即将开启一场艰苦的跋涉。每年，紧随高中毕业，是全国高等学校入学统一考试，简称"高考"，这是中国近千万年轻人改变命运的重要转折点。

毛坦厂中学有两万名学生，高考本科上线率连年超过80%，是安徽省最大的高考生源地之一。

考生的学习异常紧张，休息时间宝贵，有条件的家长选择陪读，李溪就是其中的一员。照顾女儿高欣雅的一日三餐，是她每天的任务。

春暖花开，李溪开始寻觅一种路边的野菜——蒿子。这是一种草本植物，俗名粑蒿。尽管陪读的条件简陋，但是李溪依然遵循三月初三吃蒿粑的习俗，女儿高欣雅也很爱吃这种粑粑。浸泡、去汁、剁碎，蒿子叶散发出阵阵清香。将大米磨成粉，加入咸肉，能使蒿粑的风味和营养更加丰富均衡。

当季的野菜，是女儿食谱中最好的调剂品，每一个陪读

农历三月初三，按照当地传统是要吃蒿子粑粑的 ■

家长都有自己的心得。

90个高考班，每个教室都坐满了百余名学生，整个校园充满了如临大敌般的紧张和亢奋，学生只有半个小时的午休时间。高欣雅和母亲住在学校附近，女儿每餐都能吃到母亲做的饭菜。然而，更多住处较远的学生就没这么幸运了。短暂的用餐时间，没有固定餐桌，他们的父母又多了一个陪读任务——送饭。每天中午，都有几千名学生在校门口用餐。

放弃自己的工作和生活，把时间和精力全部奉献给下一代，是很多母亲的选择。母亲们甚至认为，饭菜的质量不仅关乎考试成绩，更直接决定孩子的命运。

临水而建的小镇只有一万居民，高考使这个数字陡增了三倍。往日的恬淡生活和几近失传的手艺，与学生们匆忙的脚步并行。老街上，豆腐坊依然使用最古老的方法制作远近闻名的豆干。这种两厘米厚的大豆制品，温软嫩

为了迎接高考，母亲变着花样给女儿补充营养

滑，富有弹性。

毛坦厂中学的教学模式让女儿没有足够的时间休息，导致睡眠严重不足。李溪照顾女儿的生活，尽量在营养和搭配方面让她吃得好一点儿。

再过一天，高欣雅就要离开母亲去市里参加高考了。李溪加倍用心，为女儿做临行前的最后一餐。主菜是干子烧肉，白嫩的豆腐和丰腴的五花肉，浓油赤酱，鲜香可口。

对李溪来说，在陪孩子的近十个月里，是自己一辈子最幸福、最开心的一段时间。辛劳而幸福的陪读，是母女俩难

得的亲密生活。母亲深知，孩子长大后就会离家越来越远。

在上海，有一场素食爱好者的例行聚会。他们在普通的菜蔬中寻找着健康乃至人生的意义。如今，简单的素食被越来越多的人认为有益身心健康，甚至成为餐饮业者招徕顾客的一种方式。

香港的王爱华是一名美食爱好者，她觉得美食是很温柔的武器，它所向披靡，没有人不被征服。

王爱华找遍香港的每个街角，不断丰富自己的美食清单。为了筹备一个社区聚会的中秋素宴，她夜以继日地工作，因为几样关键的食材还需要她出力。红豆沙和陈皮，加入红糖混合而成的馅料，是她的秘密武器。

20世纪60年代，香港70%的蔬菜来自本地。如今，这个

比例不到2%。粉岭是尚未被房地产开发吞噬的土地，农夫依循传统的耕作方式，只用有机肥，只种当季菜。虽然产量低，但王爱华信任这样的农产品。

在中国，每个地方都有自己的特色月饼品种。糯米粉、黏米粉和澄面混合的冰皮包裹着豆沙馅儿，软滑香糯。冷藏后，口感更佳。

冰皮月饼是王爱华为中秋素宴预备的点睛之笔

不同行业背景的人聚集在一起，通过共同劳作，增进彼此的信任和了解。现代生活把食物简化为贴上价签的消费品，天然食材所制作的菜肴则让人思考食物和自然以及生产者的关系。

香港，繁华依旧，但最奢侈、最时尚的已不再是豪宅广厦，而是最简单的田园。然而，如何顺应自然和传统，在内地，或许可以找到许多生态样本。

素食

对于现代人来说，凡是从土地中和水中生长的植物，无论直接食用还是经过加工，都统称为素食，包括蔬菜、水果、豆制品以及用面筋等材料制作的素菜等。然而，严格来说，素食是指不吃一切动物性原料及"五荤"的菜品。"五荤"也叫"五辛"，指葱、大蒜、小蒜、韭菜、洋葱。

据说，古汉语中的素食有三种含义。第一种指蔬食，《匡谬正俗》中有"案素食，谓但食菜果糗饵之属，无酒肉也"；第二种指生吃瓜果；第三种是用来形容无功而食禄的人。另外，古汉语中有素食含义的字还有"蔬食"，《庄子·南华经》中就有："蔬食而遨游，泛若不系之舟。"

常见的素食有以下几种：

纯素食 俗称"吃全素"，是指不吃一切动物制成的食品，包括蛋类、奶类、干酪和蜂蜜。

斋食 不吃一切动物制成的食品和包括青葱、大蒜、洋葱、韭、薤等在内的葱属植物。

乳蛋素 不吃肉的素食主义者会食用部分动物制成的食品来取得身体所需之蛋白质，如蛋类和奶类。

奶素 不吃蛋类及蛋制品，但会食用奶类及相关食品，比如奶酪、奶油或酸奶。

蛋素 不吃奶类及奶制品，但食用蛋类及相关食品。

果素 不吃肉类、蔬菜和谷类，仅食用水果、果汁及一些植物果实。

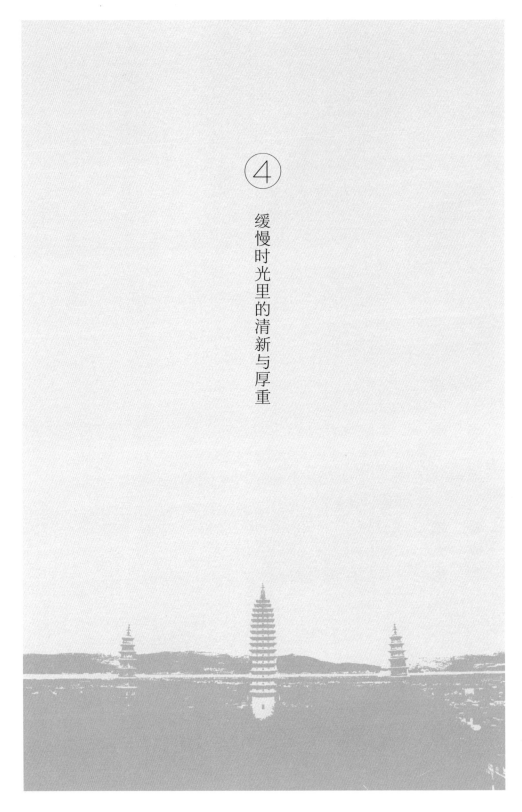

④

缓慢时光里的清新与厚重

清新的环境、低廉的物价、平淡缓慢的日子，以及在简单中寻找到的乐趣，让古蔺这样的小城镇充满生活气息。

每天早晨，72岁的龙先贵都会在古蔺河里捕鱼，这是他晨练中最重要的项目。

古蔺县是四川最边远的县城，赤水河流过境内。依据发展规模，中国将城市分为三类，古蔺是比三线城市更小的城镇。

古蔺手工面耐煮、润滑、口感细腻，有很强的吸汤能力，是龙先贵早餐的首选。

成熟的豌豆炖烂，当地叫"炮豌豆"。加入面条，有一种清香、厚重的鲜美 ■

赤水河边的小城，生活依然停留在自给自足的前工业化时代，食材供应半径不超过30公里。小城市离农村比较近，农村的新鲜菜比较多，交通方便。很多菜农骑着摩托车拉菜来卖，卖完就走。

选用三年以上的公鸡，用"肉爪子"扎破鸡肉，防止开

裂，并以三十多味香料熬制底汤。龙先贵使用的卤水，是他
前年制作的。反复使用的卤水，可以留存并不断增加鸡肉的
香味。汤味浓郁，还要配上红油蘸料，这是古蔺麻辣鸡最显
性的味觉标志。麻辣鸡是曾孙女龙美旗的最爱，龙大爷急于
给美旗一个惊喜。

黄腊丁，学名黄颡鱼，中国的大部分地区都有这种鱼。
这些野生鱼是龙大爷清晨的收获。烹饪黄腊丁，各地都有自
己的风味。古蔺的做法则常用盐酸菜和泡椒来烹煮，既能去
除鱼腥，又能激发鱼肉的鲜嫩。

卤制将近一小时后，麻辣鸡出锅。饱蘸红油、麻辣得
当、肉质细嫩、香气扑鼻。几十年来，几乎每个周末，龙家
都会出现团聚的场景和一桌风生水起的筵席。

大理是北京人史旭霞和王翀来过多次的地方。每次短

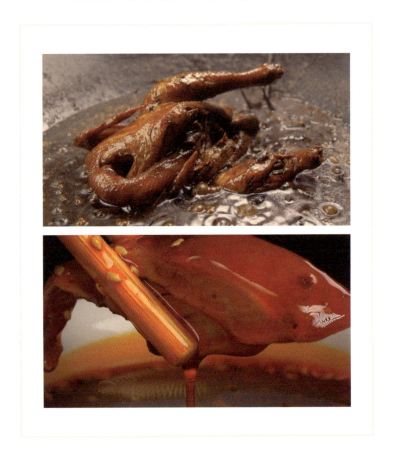

暂驻足后，两个人总觉得意犹未尽。北京西四环与大理洱海门，相隔3000公里，大理的生活体验让史旭霞和丈夫做出了一个重大决定。2013年初，两人辞去北京的工作，移居大理。夫妻俩在这里有了脚踩土地、头顶蓝天的踏实感。

李奶奶是厨艺高手，爱好美食的史旭霞不会错过一切学习的机会。洱海是中国第七大淡水湖，水质优良，水产丰富。白族渔民世代在此以捕鱼为生。新鲜的洱海鲫鱼肉质甜美，用生菜籽油煎至六七分熟，撒入花椒面。

鱼肉滋嫩细腻，汤味鲜辣香醇 ■

白木瓜，大理人叫酸木瓜，是这道菜的味道识别码。除去籽后，与鲫鱼同煮。白木瓜的酸夹着特有的果香与辣味，使得鲫鱼肉有了绵长的回味。

苍山的平均海拔是3500米。七月的雨季，是采摘"见手青"的季节。见手青，学名红网牛肝菌。破损后颜色会发生变化，这是它含有毒性的标志，误食容易中毒。高温是解毒的关键，二次烹饪时，先过一遍油，再用猛火持续爆炒，才能保证菌子彻底熟透。

采菌人清晨上山收获新鲜的菌子，下山后立即售卖。新鲜的见手青口感爽脆，并伴有奇鲜，这是它虽微含毒性，却让人趋之若鹜的原因。

三餐

　　逆城市化的生活、清静的日子、新鲜的空气、和睦的邻里关系、天然食材的饭菜，让越来越多的异乡人爱上了大理，他们的融入，使大理变成生活方式多元化的样本。新大理人来自五湖四海，彼此间总有令人欣喜的发现。

6月5日，70辆大巴和140个车次，载着一万一千多名考生，从毛坦厂中学出发去考场。

梁景轩每天早晨的出行都像是一次艰难的远征。只有晚上回家，才是真正的歇息。

结束繁重的工作后，杨圆圆走出工厂，转身投入自己的生活。无论对工作有多少抱怨，她仍然很享受这段青春时光。

大凉山火把节的庆祝活动进入高潮；紧张的巡线任务告一段落，顾涛也终于得空坐下来品味美食。

今天，空前丰盛的食物和前所未有的资源困境并存。对美味的渴望，源自人类的本能。然而关于美食，每个人又有不同甚至相反的选择。嗜荤茹素，快餐慢食，人们的选择都有各自的理由。

·

常见的食用菌

·

食用菌是供人类食用的大型真菌，常生长于有机质丰富的地方。食用菌中含有大量的生物活性物质，也有较高的药用保健价值，如抗癌、降血压、健胃、止咳平喘、调节免疫力等。

常见的食用菌有以下几种：

银耳 银耳，又称为白木耳。性平味甘，含有蛋白质、脂肪、钙、多糖和粗纤维等物质，具有补肾壮脑、强精滋阴、清热润肺、生津止咳、润肠益胃、补气强心等多种功效，银耳中的多糖物质还具有抑制肿瘤生长的作用。家常做法有银耳莲子汤、银耳拌三丝、银耳南瓜羹等。

木耳 木耳，即黑木耳。性平味甘，内含蛋白质、脂肪、维生素、微量元素以及矿物质。具有凉血、活血、止血、益胃、润燥等功效，有一定的抗癌作用，并对糖尿病的治疗有一些辅助作用。家常做法有山药木耳、西芹木耳、木耳炒鸡蛋等。

香菇 香菇，也写作香菰。性平味甘，含有蛋白质、糖、多种维生素和矿物质。具有润肺养胃、活血益气、健脑强身等功效，是一种高营养、低脂肪的保健食品，经常食用能够提高人体免疫力和机体的抗癌能力。常见的菜品有香菇炖鸡、香菇油菜、香菇肉丁等。

猴头菇 猴头菇，又名猴菇。性平味甘，富含蛋白质、糖类、脂肪、粗纤维、多种氨基酸、矿物质及维生素。具有利五脏、助消化、补虚损的功效，尤其对治疗胃炎、胃溃疡有很好的辅助作用。猴头菇味道鲜美，营养丰富，有"素中荤"之称。常见的菜品有猴头菇汤、猴头菇鸡汁汤等。

杏鲍菇 杏鲍菇，集食用、药用、食疗于一体的珍稀食用菌新品种。菇体具有杏仁香味，菌肉肥厚、口感鲜嫩、味道清香、营养丰富、易于烹饪。具有降血脂、降胆固醇、促进胃肠消化、增强机体免疫力、防止心血管病等功效，深受人们喜爱。家常菜品有蚝油杏鲍菇、杏鲍菇炒三丝等。

我爱武汉的热干面

·

董宏猷

平生第一次使劲地坐火车，是在二十年前"大串联"的时候。那时节才十六岁，正是长出翅膀想飞的年龄，而且坐火车又不要钱，天南地北地跑了大半个中国。平生第一次出远门，除了想娘，就是想热干面了。想娘，是在夜里想的，而在白天，得三餐有饭下肚，于是每当肚子又瘪了时，便想起武汉的热干面来。

我所想念的热干面，似乎比现在的热干面要实在。作料的差异便更大了。在我的记忆中，那时热干面的作料，除了酱油、胡椒、味精、葱花以外，一是用的香麻油，而且勺油的也不是现在这种像掏耳朵的挖耳勺似的匙子；二是芝麻酱，的确是地地道道的芝麻酱，又稠又香，而不是像现在一些熟食店里的芝麻酱——那简直是水一般的"芝麻糊"或者"芝麻羹"，掺假太厉害。此外，那时的热干面，一般都还配有切成丁的大头菜或者榨菜，脆生生地爽口；有的还配有切成小米粒丁般的虾米。

信中，也时常提起吃面的事儿。果然，在外转悠了几个月后，一回到武汉，便扑向热干面直吃了个碗朝天。

平生第二次想念热干面，是下放到农村后。在农村，早上是要弄饭吃的，而不仅仅是吃一点"早点"点缀点缀。城里的伢们便有些不习惯了。久而久之，思乡、思家、思念亲人的情感，又凝聚到热干面上。当然，随着时光的流逝，从热干面推而广之，扩大到"四季美汤包"和"老通城豆皮"这些武汉的传统小吃来。更有甚者，旧曲翻新，将《我爱祖国的蓝天》这首歌的词儿，改成了《我爱武汉的热干面》："我爱武汉的热干面，二两粮票一角钱，老通城豆皮闻名四海，小桃园的鸡汤美又鲜。汪玉霞的月饼大又圆，我一口咬了大半边……要问武汉人爱什么？我爱蔡林记的热干面。"

我还清晰地记得，当冬夜风寒，油灯将尽，大家都偎在被子里，一人唱歌，众人齐和；唱了一遍，笑够了，又唱第二遍……当年，这首歌曾在下乡知青中广泛流传，凝聚了一代人的多少情感，升华为家乡、亲人的象征……

据说武汉小吃有着悠久的历史，武汉的热干面，是可以和北京的炸酱面、涮羊肉，天津的狗不理包子、耳朵眼炸糕以及新疆的羊肉串等传统食品媲美的。究其原因，除了价廉物美，有其地域性特色外，更重要的是，它经过了消费者长期的、严格的筛选，终于长存而成为传统。

我爱武汉。我爱武汉的热干面。我愿武汉有更多更好的"热干面"……

原创力是推动中国纪录片发展的核心动力

中央电视台纪录频道总监　刘文

　　虽然《舌尖上的中国·第1季》播出已近两年，但"舌尖热"依然在全社会持续流行，并成为一种文化语态。《舌尖上的中国·第2季》不仅受到了社会各界和新闻媒体的关注和期待，也"吊足"了许多国际电视买家的胃口。

　　在2014年4月举办的第51届法国戛纳电视节场馆正门口，《舌尖2》的巨幅广告引发了每一个参展代表的瞩目。记得在2011年4月，我第一次前往戛纳参展的时候，注意到电视节场馆的四幅巨型广告牌之一便是韩国KBS纪录片的海报，当时我的内心便产生了一个强烈愿望，中国纪录片的海报广告一定要在戛纳出现！今年终于如愿以偿。在本届戛纳电视节，央视纪录频道的多部原创纪录片再一次受到热捧，《舌尖2》更是在国际电视市场"未播先热，未播先售"，一度还出现了一个国家多家机构争买首播权的现象。

　　和《舌尖1》相比，《舌尖2》调研的深度和辐射的广度实现了更大的拓展，因此，我们的摄制组也得以在中国广袤的社会图景中，寻找到更多或熟悉或陌生的三百余种美食，记录下美食背后那些打动我们的一百五十多组生动的故事。如果用"变与不变"来比较这两部纪录片，那么用影像来诠释普通中国人和食物之间的微妙关系和多重侧面，并传递中国人的文化传统、家族观念、生活态度与故土乡愁，让观众从中找到人文的共鸣和精神的慰藉，这些都是我们不曾改变的创作思路和表达诉求。在不变的同时，我认为，《舌尖上的中国·第2季》无疑将为中国纪录片带来更多、更大、更长久的改变。

第一，创新中国纪录片的传播方式。在胡占凡台长、罗明总编辑的直接推动下，《舌尖2》首次以周播形式，在央视综合频道每周五晚九点黄金时段首播，随后纪录频道、财经频道、综艺频道、军事·农业频道、少儿频道交错重播。此外，新闻频道、戏曲音乐频道等全台七个频道的十四个栏目以及央视网都与纪录片形成内容联动，共同打造一个"舌尖主题播出季"。这是央视第一次动用全台黄金资源来推出一部纪录片作品，它既展现了央视领导对纪录片品牌构建的战略性眼光和创新性决策，也说明了纪录片正在成为中央电视台具有核心竞争力的电视文化产品。

在播出方式的创新外，《舌尖2》的传播手段更加丰富，传播途径更加多元，纪录频道早在拍摄阶段便启动了以"一城一味"为主题，涵盖线上线下多种形式的大型整合传播活动。以《舌尖2》为标志，纪录片正在开始一次从单一媒体作品传播转向全媒体品牌传播的跨界尝试。

第二，推动国际市场对中国纪录片的认知。无论是销售范围还是商业价值，《舌尖上的中国》都已经成为刷新中国纪录片海外销售纪录的一个标杆，从《舌尖1》的备受追捧到《舌尖2》的未播先售，《舌尖上的中国》以及此后的《超级工程》《春晚》《丝路》《茶》等纪录频道原创作品，已经引发了中国纪录片海外销售的三个现象：一是成功进入多个欧美国家的主流电视台黄金时段播出，如在比利时国家电视一台黄金时段播出《舌尖》后，其高收视率甚至拉动了当地中餐馆的火爆生意；二是商业价值和价格持续提升，纪录频道的节目在亚洲地区的商业定价已和英国广播公司、美国探索频道、国家地理频道等机构相当，进入第一梯队并逐步掌握定价权；三是在纪录频道的助力下，央视纪录片已经在国际市场上形成了品牌知名度和市场美誉度。目前，已有二十九部纪录频道的原创纪录片正在全球六十多个国家和地区电视台及三十多条国际热门航线中播出，销售额超过一百万美元。

这三个现象充分说明，国际化的品质和市场化的路径已成为中国纪录片实现有效国际传播的最佳途径，央视纪录频道通过创新、务实的国际合作，已经成为国际纪录片界代表亚洲的重要一极。

第三，探索中国纪录片的传播营销模式。2012年的"舌尖热"，不仅让许多年轻人从网络中重新回到电视机前，也在深刻改变着电视观众对纪录片节目的认知与选择，成为整个中国纪录片界的一针"强心剂"。在央视领导的指导下，《舌尖1》播出刚刚结束，《舌尖2》的策划筹备工作便迅速启动，相关周边产品和衍生产品也陆续推出。一年多来，《舌尖上的中国》成功地从一部电视纪录片逐步成长为极具市场价值和营销价值的全媒体品牌，对中国纪录片行业而言具有重大而深远的意义。

面对两年前《舌尖1》播出后的巨大传播效应和空前的社会关注，作为《舌尖2》的总制片人，我深知每个主创人员都面临着更大的压力和挑战。在创作过程中，我们始终得到胡占凡台长、罗明总编辑等台领导的指导和推动，得到央视各部门的支持和配合，同时也有中宣部、国新办、文化部、国家新闻出版广电总局相关领导的关心与帮助，更得到了广大新闻媒体同行的持续关注以及企业合作伙伴的大力协助。《舌尖2》的播出采取了周播的方式，这让我们有更充足的时间汲取广大电视观众和网友对节目的积极建议与善意批评，边播出边修改，共同成就一部经得起考验的原创纪录片。在此，我向真切关爱与支持《舌尖2》的电视观众和网友表示由衷的感谢。

今天，我们回顾《舌尖上的中国》整个创作和播出的历程，在"变与不变"之间，一部纪录片能产生如此蓬勃的生命力、如此持续的传播力、如此广泛的影响力，真正原因是强大的节目原创力，这股原创力将成为中国纪录片长远发展的核心动力，我们将为此继续努力！

《舌尖上的中国·第2季》图书编委会

主任	胡占凡
副主任	罗明
主编	刘文
编委	周艳　史岩　陈晓卿　石世仑
出版人	王卫平

《舌尖上的中国·第2季》纪录片主创名单

出品人	胡占凡
总监制	罗明
总制片人	刘文
制片人	朱乐贤
总导演	陈晓卿
总顾问	沈宏非　蔡澜
导演组	胡博　李勇　陈磊　邓洁　刘硕
	费佑明　陈硕　丁正　闫非　沈晓闽
编审	周东元
摄影	赵礼威　王永明　郑毅　王路　库尔班江
	孙明进　蒋锦文　刘鹏飞　王言　张晃维
	刘礼昌　彭强　彭启旸　王晗　许可
	黄石贲　杨启泰　王竞　刘乾军　郭刚　吴旭
	小尼　吴浴培　孙科　唐欣荣　路岩　孙莽
	胡建明　陈建年　方珂　陈安迪
航拍	PRphoto　小飞侠航拍
原创作曲	阿鲲
演奏	Sydney Scoring Orchestra
指挥	BrettWeymark
解说	李立宏
音频制作	吾爱吾乐
视频校色	北京中视北方影视制作有限公司

图书在版编目（CIP）数据

舌尖上的中国. 第2季 / 中央电视台纪录频道编.
-- 北京 : 中国广播电视出版社, 2014.6
ISBN 978-7-5043-7144-7

Ⅰ. ①舌… Ⅱ. ①中… Ⅲ. ①中华文化—研究②饮食—
文化—中国 Ⅳ. ①G122②TS971

中国版本图书馆CIP数据核字(2014)第062987号

舌尖上的中国. 第2季

中央电视台纪录频道 编

出 版 人	王卫平
总 策 划	陈晓华　李亚明
责任编辑	杨　晶
监　　制	陈　江　毛闽峰
特约策划	李　娜
特约编辑	杨　旸　段　梅
营销编辑	周　逸　张　璐

....

出版发行　中国广播电视出版社
电　　话　010-86093580　010-86093583
社　　址　北京市西城区真武庙二条9号
邮　　编　100045
网　　址　www.crtp.com.cn
电子邮箱　crtp8@sina.com

....

经　　销　全国各地新华书店
印　　刷　北京市雅迪彩色印刷有限公司

....

开　　本　720毫米×1000毫米　1/16
字　　数　240（千）字
印　　张　19
版　　次　2014年6月第1版 2014年6月第1次印刷

....

书　　号　ISBN 978-7-5043-7144-7
定　　价　49.80元